BEI GRIN MACHT SIC
WISSEN BEZAHLT

- Wir veröffentlichen Ihre Hausarbeit,
  Bachelor- und Masterarbeit

- Ihr eigenes eBook und Buch -
  weltweit in allen wichtigen Shops

- Verdienen Sie an jedem Verkauf

Jetzt bei www.GRIN.com hochladen
und kostenlos publizieren

Bibliografische Information der Deutschen Nationalbibliothek:

Die Deutsche Bibliothek verzeichnet diese Publikation in der Deutschen National-
bibliografie; detaillierte bibliografische Daten sind im Internet über http://dnb.d-
nb.de/ abrufbar.

Impressum:

Copyright © 2019 GRIN Verlag
Druck und Bindung: Books on Demand GmbH, Norderstedt Germany
ISBN: 9783346203755

Dieses Buch bei GRIN:

https://www.grin.com/document/900314

Büsra Aldag

Die Verhaltensorientierung im Berichtswesen. Ansätze zur Optimierung der Controller-Manager-Beziehung

GRIN Verlag

Die Bedeutung einer Verhaltensorientierung im Berichtswesen - Ansätze zur Optimierung der Controller-Manager-Beziehung (Thesis)

Eingereicht am
16.12.2019

am
Lehrstuhl für BWL, insbesondere Accounting
an der
Heinrich-Heine-Universität Düsseldorf

Büsra Aldag

Inhaltsverzeichnis

I

Abbildungsverzeichnis

Abkürzungsverzeichnis

BSC	Balanced Scorecard
bspw.	beispielsweise
bzw.	beziehungsweise
f.	folgende (Seite)
ff.	folgende (Seiten)
ICG	International Group of Controlling
ICV	Internationaler Controller Verein
Jg.	Jahrgang
Nr.	Nummer
No.	Number
p.	page
S.	Seite
vgl.	vergleiche
z.B.	zum Beispiel
Vol.	Volume

1 Die zentrale Stellung des Behavioral Controllings im Berichtswesen

„Kann die Berichtsinformation das Verhalten des Empfängers nicht beeinflussen, hat der Bericht auf jeden Fall seinen Zweck verfehlt – egal, was dieser Zweck war!" (Taschner 2013a, S. 47).

Die sowohl wichtigste als auch zeitlich anspruchsvollste Aufgabe des Controllings stellt das Berichtswesen dar, weshalb dieses sogar als „Kernprodukt der Controllerarbeit" (Schäffer/Weber 2016b, S. 237) bezeichnet wird. Der hohe Stellenwert, der dem Berichtswesen als originäre Controllertätigkeit zugewiesen wird, ist darauf zurückzuführen, dass das Berichtswesen dazu beiträgt die „unternehmensweite Transparenz sicherzustellen" (IGC 2011, S.34), indem es das laufende betriebliche sowie außerbetriebliche Geschehen vor Augen führt (vgl. Blohm 1974, S. 15; Gleich/Horváth/Seiter 2015, S. 58). In einer volatilen Umwelt ist es wichtig, dass der Manager über den aktuellen Stand des Unternehmens und der wirtschaftlichen Umwelt informiert ist, damit dieser in der Lage ist das Unternehmen angesichts der sich verändernden Umwelt zielführend zu steuern (vgl. Lührmann/Malz/Weber 2012, S. 9-15). Hierfür wird das betriebliche und außerbetriebliche Geschehen zu finanziellen als auch nichtfinanziellen Informationen zusammengefasst und in Gestalt eines Berichts dem Manager übermittelt (vgl. Blohm 1974, S. 15; Sandt 2003, S. 75). Wichtig ist, dass der Controller als Ersteller des Berichts nur solche Informationen aus dem betrieblichen Geschehen an den Manager übermittelt, die Abweichungen beinhalten und im Zuge dieser ein zielführendes Verhalten des Managers in Gestalt einer Maßnahmenergreifung erfordern (vgl. Blohm 1974, S. 46). Aus diesem Grund dient das Berichtswesen primär dazu den Manager mit steuerungsrelevanten Informationen zu versorgen, auf deren Grundlage er Entscheidungen treffen kann, um konsequent sicherstellen zu können, dass die Ziele des Unternehmens erreicht werden (vgl. Taschner 2013a, S. 87). Passenderweise wird im englischen Sprachgebrauch das Berichtswesen als Management Reporting bezeichnet und stellt somit einen Teilbereich des internen Berichtswesens dar, der sich explizit auf die Aufbereitung von steuerungsrelevanten Informationen und deren Übermittlung an den Manager konzentriert (vgl. Graham 1949, S. 18f.; Taschner 2013a, S. 38). Die Bedeutsamkeit der Existenz des Berichtswesens wird auch anhand der Berichtszwecke deutlich. Den ersten Berichtszweck stellt die Dokumentation dar, die darauf abzielt, die betrieblichen als auch außerbetrieblichen Ereignisse schriftlich festzuhalten (vgl. Küpper 1990, S. 872). Der Zweck der Dokumentation trägt wesentlich dazu bei, den Berichtszweck der Kontrolle zu ermöglichen, da der Manager anhand der dokumentierten Informationen überprüfen kann, ob die Ziele des Unternehmens erreicht werden (vgl. Küpper 1990, S. 871f.). Hinzukommend muss der Bericht, um den Zweck der Kontrolle zu erfüllen, Kennzahlenwerte beinhalten, die nicht nur die Istwerte wiedergeben, sondern auch Plan-, Vergleichs-, Prognosewerte sowie Vorgabe- bzw. Planwerte vorzeigen. Die Aufführung der Kennzahlen in den verschiedenen Dimensionen ermöglicht, dass der Manager die jeweilige Kennzahl vergleichsweise bzw. relativ betrachten kann, wodurch Abweichungen verdeutlicht und somit leichter identifiziert werden können (vgl. IGC 2011, S. 34; Küpper 1990, S. 831). Einen weiteren Berichtszweck stellt die „Entscheidungs- und Planungsunterstützung" (Taschner 2013a, S. 46) dar, welche betont, dass der Manager mit Hilfe der im Bericht enthaltenen finanziellen als auch nicht finanziellen Kennzahlen seine Entscheidung fundieren sowie Pläne vorbereiten kann (vgl. Taschner 2013a, S. 46). Die Berichtszwecke der Kontrolle und Planung verdeutlichen, dass der Bericht ein Verhalten bzw. eine Handlung bei dem Manager auslöst (vgl. Koch 1994, S. 60f.). Die erste Handlung stellt den Vergleich der im Bericht enthaltenen Werte dar, durch die der Manager Abweichungen identifiziert. Die nächste Handlung besteht in der Maßnahmenergreifung, die dazu dient, die zuvor identifizierte Abweichung zu eliminieren (vgl. Taschner 2013a, S. 46f.). Deutlich wird, dass das „Auslösen von Handlungen" essentiell für die Existenz des Unternehmens ist, da in Folge dieser sichergestellt wird, dass Unternehmensziele erreicht werden. Daher wird das „Auslösen von Handlungen" (Koch 1994, S. 60f.) als weiterer bedeutsamer Berichtszweck angesehen. Gleichzeitig bedeutet dies, dass der Bericht das Verhalten des Managers beeinflusst, da der Berichtsinhalt dafür sorgt, dass der Manager die zuvor genannten Handlungen ausführt (vgl. Koch 1994, S. 60ff.; Taschner 2013a, S. 46f.). Genau diese durch die Berichtsinhalte induzierte Verhaltensbeeinflussung des Managers spiegelt wider, dass der Bericht eine Steuerungsfunktion innehat (vgl. Koch 1994, S. 18ff.). Denn auch der Begriff der Steuerung wird insbesondere im betriebswirtschaftlichen Rahmen als die „Verhaltensbeeinflussung von Personen" (Koch 1994, S. 14) definiert. Im Kontext des Berichtswesens führt die verhaltensbeeinflussende Wirkung des Berichts dazu, dass der Manager das Unternehmen zielorientiert steuert, indem dieser im Falle einer Abweichung eine Maßnahme ergreift, die die Erreichung der Unternehmensziele erneut unterstützt (vgl. Küpper 1990,

S. 816; Taschner 2013a, S. 46f.). Das obige Zitat verdeutlicht die Bedeutung der Verhaltenswirkung von Berichten. Der Bericht trägt die Intention bzw. das Ziel, das Verhalten des Managers zu beeinflussen und damit verbunden auch ein Verhalten auszulösen. Denn ohne ein Verhalten in Form eines Vergleichs der berichteten Kennzahlen könnte keine Abweichung festgestellt werden (vgl. Taschner 2013a, S. 46f.). Dies würde dazu führen, dass im Falle einer Abweichung keine entsprechende Gegenmaßnahme getroffen werden würde und könnte zum Ruin des Unternehmens führen. Die Bedeutung des Verhaltens wird im Berichtswesen deutlich in den Vordergrund gerückt. Daher ist es auch erforderlich, die verhaltenswissenschaftlich fundierte Controlling Konzeption des Behavioral Controllings im Rahmen des Berichtswesens zu berücksichtigen, um die Wirkungen der im Bericht enthaltenen „Informationen auf das menschliche Verhalten" (Küpper 1991, S. 260ff.) adäquat analysieren zu können. Im Konzept des Behavioral Controlling stehen Verhaltensanomalien im Vordergrund, die das abweichende Verhalten der ökonomischen Akteure von dem Ideal des Homo Oeconomicus thematisieren (vgl. Hirsch 2005, S. 282f.; Hirsch/Schäffer/Weber 2008, S. 5-10). Der Ursprung des abweichenden Verhaltens ist in den Wollens- und Könnensdefiziten des Menschen verankert, welche dazu führen, dass die Ziele eines Unternehmens nicht optimal erreicht werden (vgl. Hirsch/Schäffer/Weber 2008, S. 5-10). Das Ziel des Konzepts des Behavioral Controllings ist es daher, die Wollens- und Könnensdefizite des Managers und des Controllers aufzudecken, um diese im weiteren Schritt eliminieren zu können (vgl. Aschenbrücker 2012, S. 192f.). Die Wollensdefizite sind auf die individuellen Eigenschaften, Motive und Bedürfnisse des Menschen zurückzuführen und können insbesondere anhand von monetären Anreizsystemen eliminiert werden (vgl. Weber 2013, S. 218). Könnensdefizite jedoch sind auf die begrenzte Verarbeitungskapazität des Gehirns zurückzuführen und bewirken, dass die Handlungen und Entscheidungen von Individuen, in Anbetracht von komplexen Situationen, unbewusst kognitiven Verzerrungen bzw. Biases unterliegen (vgl. Kahneman /Tversky 1974, S. 1124; Simon 1972, S. 165-167). Daher wird im Rahmen dieser Arbeit der Fokus explizit auf Könnensdefizite gesetzt, da diese in der Natur des Menschen verankert und somit schwieriger zu lösen sind. Dem Konzept des Behavioral Controllings folgend, können Biases reduziert werden, indem die Interaktion zwischen Controllern und Manager verbessert wird. Außerdem gilt es nach dem Konzept des Behavioral Controllings eine Rahmenbedingung zu schaffen, in welcher der Manager und Controller unternehmenszielführend agieren, auch wenn diese Biases in ihren Handlungen und Entscheidungen aufweisen (vgl. Aschenbrücker 2012, S. 192f.). In Bezug auf das Berichtswesen ist es nicht möglich das Verhalten der ökonomischen Akteure zielorientiert mit Hilfe der Informationen aus dem Bericht zu steuern, ohne ein Verständnis dafür aufzubauen wie Manager und Controller in der Realität, divergierend vom Ideal des Homo Oeconomicus, auf Informationen reagieren. Daher ist es dringend notwendig die verhaltenswissenschaftlich fundierte Controlling Konzeption des Behavioral Controlling in Bezug zum Berichtswesen zu setzten, um das Verhalten der ökonomischen Akteure zielorientiert mit Hilfe der Erkenntnisse aus dem Behavioral Controlling, steuern zu können (vgl. Caplan 1966, S. 508f.).

Das Ziel dieser Arbeit ist es, die Bedeutung der Integration der verhaltenswissenschaftlich fundierten Konzeption des Behavioral Controllings im Rahmen des Berichtswesens hervorzuheben, indem die Herausforderungen und Probleme, die angesichts der Biases innerhalb des Berichtswesens entstehen, analysiert werden. Darüber hinaus zielt die Arbeit darauf ab, entsprechende Lösungsansätze zur Bewältigung von Biases zu geben, die insbesondere auf einer verbesserten und somit verstärkten Zusammenarbeit von Controllern und Manager basieren. Zum Verständnis wurde im vorangegangenen Abschnitt die begriffliche Bedeutung des Berichtswesens erklärt. Zudem wurde die Relevanz der Integration des verhaltenswissenschaftlich fundierten Behavioral Controllings innerhalb des Berichtswesens herausgestellt. Im zweiten Kapitel wird zunächst das Berichtswesen als Prozess dargestellt, indem auf die Aufgaben des Controllers und Managers innerhalb der Prozessphasen des Berichtswesens näher eingegangen wird. Außerdem werden im zweiten Kapitel die Herausforderungen vorgestellt, die bei der Erreichung eines optimalen Berichtswesens, insbesondere in Bezug auf die Problematik der verhaltenswissenschaftlich fundierten kognitiven Verzerrungen entstehen. Um die Bedeutung der Integration verhaltenswissenschaftlicher Aspekte innerhalb des Berichtswesens herauszukristallisieren, werden im dritten Kapitel ausgewählte Biases thematisiert, die in den jeweiligen Prozessphasen des Berichtswesens auftreten können. Schließlich werden im vierten Kapitel Lösungsansätze für die im dritten Kapitel thematisierten Biases gegeben sowie Ansätze zur Verbesserung der Controller-Manager Beziehung vorgeführt, die zusätzlich die Bewältigung der Biases fördern. Schließlich rundet das fünfte Kapitel die Arbeit mit einem zusammenfassenden Fazit ab.

2 Konstellation eines optimalen Berichtswesens und auftretende Herausforderungen

2.1 Der Prozess des optimalen Berichtswesens und die Rolle des Controllers und des Managers

Im folgenden Unterkapitel wird der Fokus auf das Berichtswesen gerichtet, um ein präziseres Verständnis über das Berichtswesen zu erhalten. Daher wird vorerst das Berichtswesen als Prozess dargestellt, um die Begrifflichkeit einerseits greifbarer zu machen und andererseits die Aufgaben des Controllers sowie Managers innerhalb der Prozessphasen des Berichtswesens klar voneinander abzugrenzen und in Folge dessen ihre jeweilige Rolle verdeutlichen zu können. Die in der deutschen Literatur als „klassisch" angesehene Definition des Berichtswesens hat Hans Blohm verfasst (vgl. Gleich/Horváth/Michel 2008, S. 18). Bei Blohm umfasst das Berichtswesen „...alle Einrichtungen, Mittel und Maßnahmen eines Unternehmens oder Betriebes (hier synonym verwendet) zur Erarbeitung, Weiterleitung, Verarbeitung und Speicherung von Informationen über den Betrieb und seine Umwelt." (Blohm 1975, Sp. 1924f.). Der Prozess des Berichtswesens beginnt, per definitionem, mit der „Erarbeitung (...) von Informationen" (Blohm 1975, Sp. 1924f.). Die Informationen können in dem Sinne erarbeitet werden, dass sie gesammelt bzw. beschafft werden (vgl. Koch 1994, S. 44 ff.). Darauf werden die „Informationen (in Form von Berichten)" (Blohm 1974, S. 15) an den Manager weitergeleitet. Dies bedeutet, dass nach der Phase der Informationsbeschaffung erst die Prozessphase der Berichterstellung folgt, welche überhaupt die Übermittlung eines Berichts gewährleistet (vgl. Blohm 1974, S. 15; Koch 1994, S. 54). Die dritte und somit letzte Prozessphase bezieht sich auf die Verarbeitung der Information aus dem Bericht von Seiten des Managers und kann als die Phase der „...Informationsnutzung..." (Gleich/Horváth/Michel 2008, S. 18f.) bezeichnet werden (vgl. Blohm 1974, S. 15). Häufig wird in der Literatur betont, dass die Definition des Berichtswesens nach Blohm so umfassend ist, dass sie mit dem gesamten Informationsversorgungssystem gleichgesetzt wird (vgl. Gleich/Horváth/Michel 2008, S. 18; Koch 1994, S. 54; Taschner 2013a, S. 39). Diese Definition wird im Rahmen dieser Arbeit als Ansatzpunkt gewählt. Jedoch wird zur weiteren Präzisierung des Prozesses des Berichtswesens der Prozess der Informationsnutzung noch näher betrachtet. Außerdem wird die Phase der Informationsbeschaffung aufgrund der aktuellen Aufgabenanforderung an den Controller umbenannt. Im Zuge der Digitalisierung ist es nun möglich Daten aus dem innerbetrieblichen Geschehen als auch aus der Umwelt mit Hilfe von Informationssystemen in Echtzeit zu erhalten (vgl. Weber/Schäffer 2016b, S. 99ff.). Der Controller muss nicht mehr Daten aus anderen Betriebseinheiten erfragen und aufsammeln, sondern es aus jener Fülle von Daten schaffen erkenntnisbringende Informationen aufzubereiten, die er aus dem automatisierten Informationsbeschaffungssystem erhält (vgl. Eichholz 2008, S. 70-75; ICV 2014, S. 5; IGC 2011, S. 34f.). Dies bedeutet im engeren Sinne, dass der Controller, in Anbetracht der Digitalisierung, im Stande sein muss, jene Daten zu selektieren, die relevant für die Steuerung des Unternehmens sind (vgl. Blohm 1974, S. 46f.). Die primäre Handlung des Controllers läuft also nicht auf eine Beschaffung der Daten hinaus, sondern auf das Management der Daten zu (vgl. Eichholz 2008, S. 70-73; IGC 2011, S. 34f.). Folglich wird die Prozessphase der Informationsbeschaffung umbenannt zur Prozessphase des Datenmanagements. Außerdem muss das Berichtswesen in der Phase der Informationsnutzung näher betrachtet werden. Grund für die nähere Betrachtung ist, dass die verhaltensbeeinflussende Wirkung des Berichts erst in der Phase der Nutzung des Berichts verdeutlicht werden kann (vgl. Gleich/Horváth/Michel 2008, S. 17-20). Daher wird die Berichtsanalyse als weitere Prozessphase betrachtet, um im weiteren Verlauf analysieren zu können, wie der Manager vom Berichtsinhalt beeinflusst wird (vgl. ICV 2012, S. 11ff.). Abschließend werden im Falle von Abweichungen, die im Zuge der Berichtsanalyse identifiziert wurden, entgegenwirkende Maßnahmen ausgewählt und Entscheidungen getroffen. Folglich beendet die Maßnahmenwahl den Berichtswesensprozess (vgl. ICV 2012, S. 11f.). Zusammenfassend wurden die Prozessphasen des Berichtswesens in chronologischer Reihenfolge identifiziert und betitelt. Folglich resultiert daraus nun folgende Graphik:

Abbildung 1: Der Prozess des Berichtswesens (in Anlehnung an ICV 2012, S. 12)

Die Graphik verdeutlicht, dass die Aufgaben des Controllers und des Managers innerhalb des Prozesses des Berichtswesens divergieren. Der Controller ist primär dafür zuständig, Informationen zu verwalten, um finanzielle als auch nichtfinanzielle Kennzahlen dem Manager in Form eines Berichts übermitteln zu können (vgl. IGC 2011, S. 33-36). Allerdings ist die Voraussetzung für die Erstellung eines Berichtes, dass der Controller weiß, welche Informationen vom Manager angefordert und wie diese genutzt werden.

Erst dann ist gewährleistet, dass der Controller die passenden Informationen gewinnen kann, indem er das Informationssystem auf die Erfassung der angeforderten Informationen abstimmt (vgl. Schäffer/Weber 2016b, S. 84-87). Die Bestimmung der Anforderungen und Abstimmung der Informationssysteme auf den Informationsbedarf des Managers wird im Rahmen des Datenmanagements abgewickelt (vgl. IGC 2011, S. 54). Allerdings können die Informationen, die heutzutage durch automatisierte Informationssysteme gewonnen werden, nicht unmittelbar dem Manager präsentiert werden, da diese Informationen aus dem Informationssystem noch nicht verdichtet wurden und somit viel zu komplex und umfangreich für eine erkenntnisbringende Analyse sind (vgl. Eichholz 2008, S. 70f.). Die Informationen, die der Controller verwaltet, müssen vorerst vom Controller hinsichtlich ihrer Relevanz oder Fehlerhaftigkeit selektiert werden. Darauf werden die gefilterten Daten harmonisiert, d.h. sie werden aufeinander abgestimmt und zusammengeführt. Erst dann ist gewährleistet, dass die Daten, in der darauffolgenden Phase der Berichterstellung, als Kennzahl verdichtet werden können (vgl. Eichholz 2008, S. 72). Im Berichtswesen spielen Kennzahlen nicht nur eine große Rolle, weil diese einen wesentlichen Teil des Berichts ausmachen, sondern wirkt die Quantifizierung der aus der unternehmerischen Umwelt stammenden finanziellen und nichtfinanziellen Informationen als Kennzahl komplexitätsreduzierend (vgl. Liebetruth/Otto 2006, S. 13ff.). Die Darstellung jener Informationen als finanzielle und nichtfinanzielle Kennzahlen erleichtert nicht nur das Verständnis des Managers über das komplexe unternehmerische Geschehen, sondern ermöglicht auch, dass der Manager sich einen schnellen Überblick über das Unternehmensgeschehen verschaffen kann (vgl. Sandt 2003, S. 75ff). Außerdem ist in Bezug auf die verhaltensbeeinflussende Wirkung des Berichtswesens, notwendig Kennzahlen zu verwenden, da diese auch eine Steuerungsfunktion innehaben (vgl. Weber/Schäffer 2016b, S. 178f.). Kennzahlen ermöglichen also nicht nur, dass Abweichungen quantitativ eingesehen werden können, sondern verleiten den Manager in Anbetracht der Abweichung dazu, zielführende Entscheidungen zu treffen (vgl. Hirsch 2005, S. 282f.). Schließlich übermittelt der Controller die finanziellen und nichtfinanziellen Kennzahlen in Gestalt eines Berichts an den Manager (vgl. Blohm 1974, S. 15). Die Übermittlung des Berichts stellt hierbei die Brückenfunktion des Berichtswesens in den Vordergrund, da diese die Informationsverarbeitung von Seiten des Controllers mit der Informationsnutzung von Seiten des Managers verbindet (vgl. Gleich/Horváth/Michel 2008, S. 17-20; Taschner 2013a, S. 35-43). Deswegen wird die Übermittlung des Berichts an den Manager auch in der Graphik als Zwischenschritt dargestellt, wobei der verschriftlichte Bericht als „Übermittlungsmedium" dient (vgl. Koch 1994, S. 62). Der Manager kann nun durch die im Bericht enthaltenen Kennzahlen einen schnellen Überblick über den betrieblichen Zustand erlangen, Abweichungen erkennen und dementsprechend Maßnahmen ergreifen, die die Unternehmenszieleerreichung garantieren (vgl. Gleich/Horváth/Michel 2008, S. 276; Küpper 1990, S. 816; Sandt 2003, S.75f.). Die Rolle des Controllers lässt sich, im Kontext des Berichtswesens, insbesondere anhand der Aufgaben im Datenmanagement und der Berichterstellung herleiten. Demzufolge hat der Controller die Rolle als Methoden- und Systemdienstleister inne, da er, wie oben ausführlich erklärt wurde, den Manager mit steuerungsrelevanten Informationen versorgt und ihn gleichzeitig bei seiner Entscheidungsvorbereitung unterstützt (vgl. ICG 2010, S. 48-52). Deutlich wird auch, dass der Controller daneben als Navigator agiert, da er steuerungsrelevante Informationen übermittelt, auf deren Basis der Manager das Unternehmen durch das Treffen von Entscheidungen oder Implizieren von Maßnahmen zielführend steuert (vgl. ICG 2010, S. 48-52; Taschner 2013a, S. 77). Folglich trägt der Controller maßgeblich zur Zielerreichung bei, da er die notwendigen Informationen für die zielführenden Entscheidungen des Managers bereitstellt (vgl. ICG 2010, S. 48-52). Im Gegensatz zum Controller hat der Manager die Aufgabe das Unternehmen zielführend zu steuern, indem er das Unternehmensgeschehen überwacht und auf auftauchende Abweichungen mit einer zielführenden Maßnahme reagiert (vgl. Kotter 2000, S. 3-6). Hierbei liefert ihm der Bericht die Notwendigen Informationen, um die Abweichungen zu erkennen und das Problem zu lösen (vgl. Kotter 2000, S. 4-10). Daher trägt der Manager die Rolle des problemlösenden Entscheidungsträgers, da er Störungen in Form von Abweichungen identifiziert, um daran anknüpfend die optimalen Maßnahmen zu implementieren, die zur Unternehmenszielerreichung beitragen (vgl. Mintzberg 1973, S. 22; Küpper 1990, S. 816). Um diese Abweichungen zu identifizieren nutzt der Manager den Bericht, was im Kontext des Berichtswesens die Prozessphase der Berichtsanalyse widerspiegelt. Allerdings ist zu beachten, dass der Manager den Bericht auf verschiedene Arten, in der Phase der Berichtsanalyse, nutzen kann. Es gibt drei verschiedene Nutzungsarten: die instrumentelle, konzeptionelle und symbolische Nutzung (vgl. Schäffer/Weber 2016b, S. 87f.). Bei der instrumentellen Nutzung zieht der Manager den Bericht heran, um eine Entscheidung zu treffen. Dies zeigt auch, dass der Bericht ein Verhalten auslöst, da der Manager den Bericht aktiv nutzt, um seine Entscheidung zu formieren und diese auch im nächsten Schritt in die Tat umzusetzen (vgl.

Schäffer/Weber 2016b, S. 87f.). Bei einer konzeptionellen Nutzung dient der Bericht lediglich der Erweiterung des Verständnisses des Managers über das Unternehmen und die Situation, in der es sich befindet. Ferner kann der Manager die Informationen aus dem Bericht symbolisch nutzen, mit dem Ziel, seine bereits getroffene eigene Entscheidung durchzusetzen und die Handlung anderer Akteure zu beeinflussen. Hierbei hat der Manager seine Entscheidung bereits getroffen und rechtfertigt die Durchsetzung seiner Entscheidung anhand des Berichts (vgl. Schäffer/Weber 2016b, S. 87f.). Im Rahmen dieser Arbeit wird der Fokus auf die instrumentelle Nutzung gesetzt, da hier die verhaltensbeeinflussende Wirkung des Berichts hervorgehoben wird. Die instrumentelle Nutzung verdeutlicht, dass der Manager die steuerungsrelevanten Informationen aus dem Bericht nutzt, um eine Entscheidung bezüglich einer Maßnahme zu treffen. Gleichzeitig induziert die verhaltensbeeinflussende Wirkung des Berichts, dass die Informationen den Manager zu einer zielführenden Handlung und Entscheidung verleiten (vgl. Schäffer/Weber 2016b, S. 87f.; Koch, 1994, S. 60f.). Folglich ist die Entscheidung bezüglich einer zielführenden Maßnahme nicht nur das Resultat, das aus der instrumentellen Nutzung des Managers hervorgeht, sondern auch das Ergebnis, das aus der verhaltensbeeinflussenden Wirkung des Berichts resultiert. Wichtig ist daher, dass der Controller darauf achtet, dass der Manager den Bericht auch instrumentell nutzt. Denn erst dann kann sichergestellt werden, dass die Steuerungsfunktion des Berichtswesen dazu führt, dass der Manager zielführende Entscheidungen trifft (vgl. Schäffer/Weber 2016b, S. 87f.).

2.2 Der Mensch als wesentliche Herausforderung zur Realisierung des optimalen Berichtswesens

Im vorherigen Abschnitt wurden die Aufgaben des Controllers und des Managers innerhalb des Berichtswesens veranschaulicht. Diese Aufgaben gilt es nach der dargestellten Reihenfolge der Prozessphasen im Berichtswesen chronologisch abzuarbeiten, um das Ziel des Berichtswesens – die Übermittlung von steuerungsrelevanten Informationen an den Manager zum Zweck der Entscheidungsfundierung und der damit einhergehenden zielorientierten Führung des Unternehmens – zu erfüllen (vgl. Taschner 2013a, S. 38-47). Die vollständige Abarbeitung dieser Aufgaben reicht jedoch nicht aus, um die Optimalität des Berichtswesens zu bestätigen. Das Berichtswesen ist nur optimal, wenn es die Optimalitätskriterien der Effizienz und Effektivität erfüllt (vgl. Taschner 2013b, S. 11ff.). Das

Berichtswesen wäre effektiv, wenn der Manager für die Fällung einer Entscheidung die exakten Informationen erhalten würde, die er zu einem bestimmten Zeitpunkt benötigt. Zudem wäre das Berichtswesen effizient, wenn das Ziel des Berichtswesens unter „geringem Ressourceneinsatz" (Taschner 2013b, S. 12), bezüglich der Anzahl an Arbeitern und der verbrauchten Zeit, erreichen ließe (vgl. Taschner 2013b, S. 12). Voraussetzung für die Erfüllung des Effektivitätskriteriums wäre, dass der Controller kontinuierlich den Informationsbedarf des Managers zur Kenntnis nimmt, um eine den Anforderungen des Managers entsprechende Informationsversorgung zeitgerecht gewährleisten zu können (vgl. Taschner 2013b, S. 12). Daher müsste die Prozessphase des Datenmanagements kontinuierlich an die neuen Informationsbedürfnisse des Managers angepasst werden (vgl. Blohm 1974, S. 151-159). Gleichzeitig induziert die kontinuierliche Anpassung der Informationssysteme innerhalb des Datenmanagements entsprechend den Anforderungen des Managers, dass der Bericht individuell gestaltet werden muss. Dies würde bedeuten, dass im Fall von mehreren Managern, auch mehrere auf die individuellen Informationsbedürfnisse abgestimmte Berichte erstellt werden müssten. Folglich wäre das Berichtswesen während der Erfüllung des Effektivitätskriteriums, nicht mehr effizient, da die Erstellung von individuellen Berichten mit einem größeren Aufwand verbunden ist (vgl. Taschner 2013b, S. 12f.). Jedoch könnte mithilfe moderner Informationstechnologien der Datenmanagementprozess laufend auf die individuellen Informationsbedürfnisse abgestimmt werden, sodass das Kriterium der Effizienz im Zuge der Digitalisierung erreicht werden könnte (vgl. Taschner 2013b, S. 13). Um überhaupt die Optimalitätskriterien erfüllen zu können, ist die grundlegende Voraussetzung für ein optimales Berichtswesen, dass der Controller und der Manager im Rahmen des Berichtswesens rational, nach dem Idealbild des Homo Oeconomicus handeln, um ihre Aufgaben innerhalb des Berichtswesens rational und zielgerichtet vollbringen zu können (vgl. Hirsch/Schäffer/Weber 2008, S. 6f.; Taschner 2013b, S. 13). Der Homo Oeconomicus handelt stets rational, da er über einen vollkommenen Wissenstand verfügt, sodass er immer das volle Nutzenpotenzial ausschöpfen kann während er Entscheidungen, für seine ökonomischen Ziele, trifft (vgl. Bundeszentrale für politische Bildung). Unter den Voraussetzungen des Homo Oeconomicus versorgt der Controller den Manager ausschließlich mit steuerungsrelevanten Informationen auf deren Basis der Manager eine rationale Entscheidung trifft, um das Unternehmensziel optimal zu erreichen (vgl. Aschenbrücker 2012, S. 192). In Bezug auf die einzelnen Prozessphasen würde dies bedeuten, dass der Controller in der ersten Phase des

Berichtswesens den Informationsbedarf des Managers exakt kennen würde und somit auch die relevantesten Informationen selektieren, harmonisieren und aufbereiten kann (vgl. Koch 1994, S. 87-93; Aschenbrücker 2012, S. 192). Im nächsten Schritt würde der Controller die relevantesten Informationen zu Kennzahlen verdichten, ohne bspw. Rechenfehler bei der Kalkulation der Kennzahlen einzuspeisen (vgl. Taschner 2013b, S. 13).

Der Manager hingegen würde, nach dem Modell des Homo Oeconomicus, auf Basis seiner Erkenntnisse aus der Berichtsanalyse, rationale Entscheidungen treffen, die die optimale Unternehmenszielerreichung garantieren (vgl. Aschenbrücker 2012, S.192). Voraussetzung für die optimale bzw. rationale Entscheidung ist, dass der Manager „alle Entscheidungsalternativen und deren Konsequenzen als auch dazugehörige Nutzengewichtung" (March/Simon 1967, S. 129 ff.) kennt, die hierbei der Bericht liefern würde. Deutlich wird, dass das Effektivitätskriterium erfüllt wäre, wenn der Controller und der Manager nach dem Ideal des Homo Oeconomicus handeln würden. Allerdings ist ein rationales und zielgerichtetes Handeln und Entscheiden der Akteure in der realen Wirtschaftswelt, aufgrund existierender Könnens- und Wollensdefizite nicht möglich (vgl. Hirsch 2005, S. 282). Diese Wollens- und Könnensdefizite werden im Rahmen des Behavioral Controllings thematisiert und betonen, dass der Mensch nicht wie im Idealbild des Homo Oeconomicus in der Lage ist unendlich viele Informationen wahrzunehmen, zu verarbeiten, kennen und zu verstehen, da das Gehirn des Menschen über eine begrenzte Verarbeitungskapazität verfügt (vgl. Simon 1978, S. 11-15). Hinzu kommt, dass Menschen keine vollständig rationalen Entscheidungen treffen können, sobald die Bedingungen unsicher sind, d.h. konkret, dass Menschen in Anbetracht einer unvorhersehbaren bzw. unsicheren, dynamischen und komplexen Umwelt, aufgrund der begrenzten Verarbeitungskapazität des Gehirns, nur beschränkt rational handeln. Daraus folgernd entstehen Könnensdefizite bzw. kognitive Rationalitätsbeschränkungen, die die Handlungen eines jeden Menschen prägen (vgl. Aschenbrücker 2012, S. 192; Simon 1978, S. 11-15; Weber 2013, S.218-220). Die Folge der kognitiven Rationalitätsbeschränkung ist die unbewusste Verwendung von sogenannten Heuristiken, die wiederum zu kognitiven Verzerrungen bzw. Biases führen (vgl. Kahnemann/Tversky 1974, S. 1124; Simon 1972, S. 170-175). Heuristiken stellen vereinfachende „Faustregeln" dar, die in Gestalt von vereinfachenden Problemlösungsstrategien oder Entscheidungsverfahren vom ökonomischen Akteur, aufgrund seiner beschränkten Verarbeitungskapazität und der damit einhergehenden Überforderung des Gehirns eingesetzt werden (vgl. Aschenbrücker 2012, S. 192; Simon 1972, S.

174ff.). Diese Anwendung der Heuristik führt dazu, dass der ökonomische Akteur im Stande ist in Anbetracht einer komplexen Information oder auch Problemsituation mit geringem zeitlichen Aufwand als auch überfordernder kognitiver Anstrengung zu einer ausreichenden befriedigenden Problemlösung oder Entscheidung zu gelangen (vgl. Lichtenstein/Slovic 1971, S. 724; Simon 1972, S. 174ff.; Simon 1978, S. 11-15). Das ausreichend befriedigende Ergebnis basiert auf Biases und betont, dass aus der Heuristik induzierten fehlerhaften Nutzung oder Wahrnehmung von Informationen, verzerrte bzw. fehlerhafte Ergebnisse in Form von einer Entscheidung oder Problemlösung resultieren, welche nicht optimal sind (vgl. Lichtenstein/Slovic 1971, S. 724; Kahnemann/Tversky 1974, S. 1130f.). Im Kontext des Berichtswesens tauchen Heuristiken in Form von versteckten Wirkungen auf. Der Ursprung der versteckten Wirkung ist auf die verhaltensbeeinflussende Wirkung des Berichts zurückzuführen (vgl. Taschner 2015, S. 32ff.). Im Fall von versteckten Wirkungen ist dem Controller als Ersteller des Berichts sowie dem Manager als Empfänger und Nutzer des Berichts nicht bewusst, dass eine verhaltensbeeinflussende Wirkung des Berichts präsent ist (vgl. Taschner 2015, S. 32ff.). Insbesondere ist weder vom Controller eine Verhaltensänderung beabsichtigt bzw. bewusst intendiert worden noch ist dem Manager bewusst, dass sein Verhalten durch die Berichtsinformationen gesteuert wurde (vgl. Taschner 2015, S. 32ff.). Versteckte Verhaltenswirkungen basieren auf den zuvor erklärten Heuristiken. Denn auch hier ist die unbewusste Ausführung eines Verhaltens, ohne jegliche Absicht oder kognitive Wahrnehmung, adäquat zur unbewussten Anwendung von vereinfachenden Daumenregeln anzusehen (vgl. Taschner 2015, S. 33f.). Der Controller und der Manager greifen aufgrund ihrer Rationalitätsbeschränkung unbewusst auf die vereinfachenden und komplexitätsreduzierenden Strategien der Heuristik zurück, um in Anbetracht der komplexen Informationen aus dem Bericht eine ausreichend empfundene Lösung bzw. Entscheidung zu finden (vgl. Kahneman/Tversky 1974, S. 1130f.; Lichtenstein/Slovic 1971, S. 724; Simon 1972, S. 174ff.; Simon 1978, S. 11-15). Allerdings sind die Anwendung einer solchen Heuristik bzw. versteckten Verhaltenswirkung und die dadurch resultierenden Biases nicht optimal für die Erreichung des Ziels des Berichtswesens. Denn auch Koch betonte, dass das Berichtswesen das Optimalitätskriterium der Effektivität nur erfüllen kann, sofern der Berichtsinhalt ein bewusstes unternehmenszielführendes Verhalten des Managers auslöst, was gleichzeitig auch der Controller auch beabsichtigt hatte (vgl. Koch 1994, S. 50f). Im Fall von versteckten Verhaltenswirkungen bedeutet dies, dass der Controller als auch Manager unbewusst ihre Aufgaben in der jeweiligen Prozessphase nicht rational erledigen, sodass a priori das Erreichen eines optimalen und somit effektiven und gleichzeitig effizienten Berichtswesens nicht möglich ist (vgl. Taschner 2013b, S. 11ff.). Nochmals wird die Bedeutung der Integration des Behavioral Controllings im Kontext des Berichtswesens deutlich. Im Behavioral Controlling trägt der Controller die Aufgabe, die Wollens- und Könnensdefizite des Managers aufzudecken und durch eine stärkere Interaktion mit dem Manager jene Defizite zu reduzieren (vgl. Aschenbrücker 2012, S. 192f.; Weber 2013, S. 220f.). Das Ziel ist es, durch die stärkere Zusammenarbeit zwischen Controller und Manager, die Rationalität des Managers effektiver sichern zu können, indem Biases reduziert und somit die zielführende Steuerung von Seiten des Managers ermöglicht wird (vgl. Aschenbrücker 2012, S. 192f.; Weber 2013, S.220f.). Hier wird deutlich, dass die Rolle des Controllers als Navigator und Systemdienstleister erweitert wird zum Rationalitätssicherer des Managers (vgl. Schäffer/Weber 1999, S. 731-734). Im Folgenden wird der Fokus auf ausgewählte Biases gesetzt, die innerhalb der einzelnen Prozessphasen des Berichtswesens, controller- oder managerseitig, auftreten können. Die Intention ist es, durch die nähere Betrachtung der im Berichtswesen auftretenden Biases die Bedeutung der Integration der verhaltenswissenschaftlich fundierten Konzeption des Behavioral Controllings innerhalb des Berichtswesens herauszukristallisieren.

3 Ausgewählte Biases, die in den Phasen des Berichts-wesens auftreten

3.1 Die Vorselektion der Kennzahlen führt zur unbewussten Anwendung des Confirmation Bias

Das Datenmanagement bildet die erste Prozessphase des Berichtswesens und ist gleichzeitig die wichtigste, da die nachfolgenden Phasen auf dieser aufbauen. Kurz erklärt bedeutet dies gleichzeitig, dass die Qualität der Entscheidung bzw. Maßnahmenwahl des Managers am Ende des Berichtswesensprozesses von der Qualität der Informationen abhängt, die der Controller innerhalb des Datenmanagements verwaltet (vgl. Weber 2009, S. 33f.). Die Aufgabe des Controllers ist es, im Rahmen des Datenmanagements die Informationen, die aus dem Informationssystem gewonnen werden, zu bereinigen, zu filtern und zu harmonisieren (vgl. Eichholz 2008, S. 70-73). Um die harmonisierten Informationen im nächsten Schritt akkurat zu Kennzahlen verdichten zu können, muss von vornherein feststehen, welche Kennzahlen der Bericht enthalten soll (vgl. Gladen 2014, S. 6f.). Zur konkreten Auswahl der Kennzahlen können vorerst Kennzahlensysteme herangezogen werden, welche ein Bündel von zusammenhängenden Kennzahlen wiedergeben (vgl. Küpper 1990, S. 849f.). Beispielsweise stellt die Balanced Scorecard (BSC) ein solches Kennzahlensystem dar. Die BSC gibt die Dimensionen Finanziell, Kunde, Interne Geschäftsprozesse sowie die Dimension Lernen und Entwicklung vor, zu denen jeweils finanzielle als auch nicht finanzielle Kennzahlen gebildet werden können. Die Kennzahlen werden wiederum von den strategischen Zielen der jeweiligen Dimension abgeleitet und in die BSC aufgenommen (vgl. Kaplan/Norton 1992, S. 71-78). Deutlich wird, dass sich durch die Betrachtung der verschiedenen Dimensionen viele Möglichkeiten für die Bildung von Kennzahlen, die unmittelbar von den strategischen Zielen des Unternehmens abhängen, ergeben. Daher empfehlen Norton und Kaplan, die Kennzahlen zugehörig zu den Dimensionen auf eine gewisse Anzahl zu beschränken (vgl. Kaplan/Norton 1992, S. 71f.). Dies erfordert aber unmittelbar eine Selektion der Kennzahlen (vgl. Schäffer/Weber 2016b, S. 202f.). Einen weiteren Grund für die Selektion der Kennzahlen liefern Davila und Simons. Diese empfehlen im Kontext der Performance-Messung den Managern nur jene Anzahl an Kennzahlen zu verantworten, die sie auch im Gedächtnis behalten können und empfehlen daher die Kennzahlenanzahl sieben (vgl. Davila/Simons 1998, S. 76f.).

14

Die von den verschiedenen Autoren empfohlene Begrenzung der Kennzahlenanzahl, deutet darauf hin, dass der Manager aufgrund seiner kognitiven Rationalitätsbeschränkung nicht in der Lage ist, alle Kennzahlen wahrzunehmen und zu verarbeiten (vgl. Davila/Simons 1998, S. 76f.; Kaplan/Norton S. 71f.). Daher muss der Controller als Rationalitätssicherer berücksichtigen, dass der Manager aufgrund seiner kognitiven Beschränkung nicht alle Informationen aus dem Bericht wahrnehmen kann, da er durch die begrenzte Verarbeitungskapazität des Gehirns auch nur über eine begrenzte Aufnahmefähigkeit verfügt (vgl. Koch 1994, S. 111-114; Simon 1978, S. 13ff.). Folglich dient die Selektion der relevantesten Kennzahlen der kognitiven Entlastung des Managers (vgl. Gladen 2014, S. 13). Daher trägt der Controller die Aufgabe, die steuerungsrelevantesten Kennzahlen zu selektieren, auf deren Grundlage der Manager Abweichungen erkennen und adäquate Entscheidungen treffen kann, die zielführend für das Unternehmen sind (vgl. Blohm 1974, S. 44). Jedoch kann der Controller nicht wie im Modell des Homo Oeconomicus rational beurteilen und entscheiden, welche der Kennzahlen für die Unternehmensentscheidung am bedeutsamsten sind, da auch der Controller Könnensdefiziten unterlegen ist. Die Folge daraus ist, dass die Entscheidung des Controllers auch von Heuristiken geprägt ist, die unmittelbar zu einer kognitiv verzerrten Entscheidung in Form eines Biases führt. Bei der Auswahl der relevanten Kennzahlen von Seiten des Controllers kommt die Anwendung von Heuristiken zum Vorschein und mündet insbesondere hier in einem Confirmation Bias, zu deutsch „Bestätigungsfehler" (vgl. Frey et al. 2001, S. 568ff.; ICV 2012, S. 12ff.). Der Confirmation Bias beschreibt, dass Menschen bei ihrer Entscheidungsfundierung nur jene Informationen hinzuziehen, die ihrer persönlichen Einstellung, Meinung, Entscheidung und Ansicht entsprechen (vgl. Aschenbrücker 2012, S. 192). Insbesondere haben die Arbeiten von Professor Wason die Evidenz des Confirmation Bias geprägt. Dieser führte eine Studie durch, die bewies, dass Individuen bei ihrer Entscheidungsfundierung oder auch bei einer Problemlösung dazu neigen jene Informationen zu suchen und hinzuzuziehen, die ihre eigene Annahme bezüglich einer Entscheidung oder Problemlösung am ehesten verifizierten. Informationen, die der eigenen Einstellung widersprachen bzw. die eigene Annahme falsifizieren könnten, wurden nicht berücksichtigt (vgl. Wason 1971, S. 206-210). Außerdem bewies eine Studie von Frey et al., dass Menschen insbesondere während der Auswahl bzw. Selektion von Informationen, dem Confirmation Bias unterliegen (vgl. Frey et al. 2001, S. 559-561). Folglich bedeutet das, dass Individuen neue Informationen eher wahrnehmen, die adäquat zur eigenen Meinung und

Einstellung sind (vgl. Frey et al. 2001, S. 569f.). Gleichzeitig wird auch neue Information angepasst an die Einstellung und Meinung, indem diese der eigenen Einstellung und Meinung entsprechend interpretiert wird (vgl. Wason 1971, S. 209f.). Demzufolge würde der Controller nur jene Kennzahlen wahrnehmen und aussuchen, die im Rahmen des volatilen betrieblichen und außerbetrieblichen Unternehmensgeschehens seiner Einstellung und Meinung entsprechen und somit aus seiner Sicht steuerungsrelevant erscheinen (vgl. Hirsch 2005, S. 284f.). Der Manager würde somit, anhand der im Bericht gelieferten und durch den Controller vorselektierten Kennzahlen, die gegenwärtige Ist-Situation des Unternehmens in der Prozessphase der Berichtsanalyse nur begrenzt einsehen und somit verzerrt einschätzen können (vgl. ICV 2012, S. 212). Die Folge hieraus wäre, dass Kennzahlen fälschlicherweise außer Acht gelassen werden würden, obwohl diese bedeutsam für den Manager im Hinblick für die zielführende Steuerung des Unternehmens sein könnten. Konkret könnten finanzielle als auch nichtfinanzielle Kennzahlen fehlen, deren Abweichung eine entgegenwirkende Maßnahmeninitiierung benötigen würden, die aber durch die Vorselektion nicht einsehbar wären.

3.2 Berichterstellung und ihre Anfälligkeit für Anchoring Bias

Die Verdichtung der Informationen zu Kennzahlen stellt eine der komplexesten Aufgaben des Controllers dar, da der Controller deren zugrundeliegenden Informationen kognitiv aufnehmen und verstehen muss, um diese weiter zu Kennzahlen verarbeiten zu können (vgl. Eichholz 2008, S. 70f.). Die kognitive Rationalitätsbeschränkung, die insbesondere unter komplexen und unsicheren Situationen auftritt, verhindert jedoch, dass der Controller alle Informationen wahrnehmen und auf rationaler Basis zu aussagekräftigen Kennzahlen verdichten kann (vgl. Caplan 1966, S. 508; Hirsch 2005, S. 282-285). Insbesondere bei der Berechnung von Prognosewerten tritt, aufgrund der Konfrontation des Individuums mit einer unsicheren und unbestimmbaren Zukunft sowie der mit der kognitiven Rationalitätsbeschränkung einhergehenden Überforderung des Gehirns, die unbewusste Anwendung des Anchoring Bias, zu deutsch Ankereffekt, in den Vordergrund (vgl. Kahnemann/Tversky 1974, S. 1128-1131). Der Anchoring Bias schildert, dass Individuen zur Lösung bzw. Beantwortung eines unsicheren bzw. unbestimmbaren Problems bzw. einer Frage unbewusst von einem Ausgangswert ausgehen, um die Antwort zu schätzen. Hierbei wird die Formulierung der Fragenstellung bzw. des Problems oder eine vorherige

Antwort unbewusst als Ausgangswert angenommen (vgl. Kahnemann/Tversky 1974, S. 1128-1131). Konkret bedeutet dies, dass die Aufnahme einer vorherigen Information die Bearbeitung des Problems beeinflusst, da die vorherige Information unbewusst als Ausgangswert angenommen wird. Der Mensch verankert sich unbewusst auf die zuvor aufgenommene Information und leitet daraus die Antwort des Problems bzw. der Frage her (vgl. Taschner 2013a, S. 200). Im Kontext der Berichterstellung tritt der Anchoring Bias insbesondere bei der Berechnung von Prognosewerten auf (vgl. ICV 2012, S. 12-17). Prognosen dienen dazu, den Managern die zukünftige betriebliche und außerbetriebliche Situation vorzuführen (vgl. Gleich/Horváth/Seiter 2015, S. 198). Mit Hilfe der Prognose kann der Manager frühzeitig erkennen, ob Zielabweichungen zu erwarten sind und kann dementsprechend frühzeitig Maßnahmen implementieren, um der vorausstehenden Abweichung entgegenwirken zu können und dadurch das anvisierte Unternehmensziel zu erreichen (ICV 2012, S. 16f). Der Controller greift zur Berechnung des Prognosewerts auf Informationen zurück, die auf vergangenen Erfahrungen beruhen und transformiert diese anhand eines „zeitunabhängigen Logikkalküls in die Zukunft" (Gleich/Horváth/Seiter 2015, S. 198). Die Problematik, die hieraus entsteht ist diese, dass der Controller zur Bewältigung der Unsicherheit — die hier die Berechnung einer unvorhersehbaren und somit unsicheren Zukunftssituation des Betriebes repräsentiert — häufig historische Kennzahlen bspw. aus vorherigen Berichten als Ansatz wählt, um daraus die Prognosewerte ableiten zu können (vgl. Wright 1980, S. 289f.). Folglich führt die Nutzung des Ausgangspunkts zur verzerrten Darstellung der zukünftigen Betriebsgeschehens, sofern der Controller Faktoren aus der sich verändernden Umwelt nur unzulänglich in die Kalkulation der Prognose miteinspeist (vgl. ICV 2012, S. XIII). Gleichzeitig führt die fehlerhafte Prognose dazu, dass der Manager auf Basis dessen eine Fehlentscheidung treffen bzw. in diesem Fall eine fehlerhafte frühzeitige Maßnahme ergreifen kann, die nicht zielführend für das Unternehmen ist (vgl. ICV 2012, S. 16f.). Beispielsweise könnte sich der Controller zur Prognose des Umsatzes sich an der Umsatzentwicklung der vorherigen Jahre orientieren. Darauf kann der Controller aus der Umsatzentwicklung die Umsatzwachstumsrate ableiten und diese nutzen, um den zukünftigen Umsatz zu prognostizieren. Hierbei wird die Nutzung des Anchoring Bias deutlich, da der Controller unter der bestehenden Unsicherheit über die Zukunft die Umsatzzahlen der Vorjahre als Ansatzpunkt bzw. „Anker" wählt, um den Umsatz des nächsten Jahres prognostizieren zu können (vgl.

Johnson/Chapman 1999, S. 147ff.; Wright 1980, S. 289f.). Das Hauptproblem stellt hierbei die Verwendung des Anfangswerts dar, von dem der Controller ausgeht, um zu einer Prognose zu gelangen. Denn integriert der Controller die aktuellen Entwicklungen der Umwelt, aufgrund der Verankerung auf den Werten der Vorjahre zu gering, so ist die Prognose nicht realistisch genug (vgl. ICV 2012, S. XIII). Es kann dazu kommen, dass der Manager die Umsatzprognose als Umsatzziel für das kommende Jahr wählt, obwohl diese aufgrund des Anchoring Bias und der damit einhergehenden fehlenden Berücksichtigung von betrieblichen und wirtschaftlichen Entwicklungen nicht realistisch ist (vgl. Player 2008, S. 10).

3.3 Die Berichtsanalyse wird vom Framing-Effekt beeinflusst

Nachdem der Controller die relevanten Kennzahlen ermittelt hat, muss er die relevanten Kennzahlen zusammenfassen und in einem Bericht verschriftlichen. Darauffolgend kann der Controller den Bericht an den Manager übergeben. Dieser Zwischenschritt der Berichtübermittlung stellt die Verbindung zwischen der Phase der Berichtserstellung und Berichtsanalyse her. In der Phase der Berichtsanalyse ist es die Aufgabe des Managers, die Ursachen für Abweichungen und Veränderungen herauszuarbeiten, um im nächsten Schritt auf der Grundlage der Ursache, entgegenwirkende Maßnahmen ergreifen zu können (vgl. Küpper 1990, S. 836). Voraussetzung für die Identifikation jener Ursachen ist es, dass der Controller die Ist-Werte den jeweiligen Soll-, Vorjahres-, Plan- oder Prognosewerten gegenüberstellt. Die Gegenüberstellung der zuvor genannten Werte gewährleistet erst, dass jene Veränderungen und Abweichungen herauskristallisiert werden können (vgl. Küpper 1990, S. 831f.). Zur Veranschaulichung der jeweiligen gegenübergestellten Werte, kann der Controller Tabellen oder Graphiken heranziehen, sowie innerhalb dieser Hervorhebungen setzen, die die Übersichtlichkeit und Aufnahmefähigkeit erhöhen (vgl. Blohm 1974, S. 47; Küpper 1990, S. 831f.). Insbesondere graphische Darstellungen, wie Schaubilder und Diagramme erleichtern das Verständnis der übermittelten Daten und haben eine stärkere Aussagekraft inne (vgl. Blohm 1974, S. 47; Küpper 1990, S. 831f.). Die Aussagekraft und das Verständnis hängen demzufolge von der Gestaltung des Berichts ab. Die Folge daraus ist, dass die Wahrnehmung und das Verständnis des Managers über die im Bericht enthaltenen Informationen von der Darstellungsart jener Informationen negativ oder positiv beeinflusst wird (vgl. Gleich/Horváth/Seiter 2015, S. 316). Genau diese Art der Beeinflussung der Informationswahrnehmung durch die Art der Darstellung wird im Framing-Effekt thematisiert. Den Framing-Effekt untersuchten die Professoren Tversky und Kahneman und kamen zur Erkenntnis, dass Individuen für das gleiche Entscheidungsproblem verschiedene Entscheidungen präferierten bzw. trafen, aufgrund der divergierenden Darstellung und Formulierung des gleichen Entscheidungsproblems (vgl. Kahneman/Tversky 1981, S. 457f.). Daraus folgernd beschreibt der Framing-Effekt, dass die Wahrnehmung des Informationsempfängers über ein Entscheidungsproblem bzw. über einen Sachverhalt unmittelbar von dem Rahmen, in welchem das Entscheidungsproblem dargestellt wurde, beeinflusst wird. Konkret stellt der Rahmen die Art der Gestaltung sowie der Formulierung eines Entscheidungsproblems dar, die wiederum der Informationsempfänger unbewusst mitinterpretiert, um zu einer Entscheidung zu gelangen (vgl. Kahneman/Tversky 1981, S. 453-458). Der Ursprung der unbewussten Nutzung des Framing-Effekts ist auf die kognitive Rationalitätsbeschränkung des Menschen zurückzuführen, welcher in Anbetracht der begrenzten kognitiven Verarbeitungskapazität zur vereinfachenden Entscheidungsfindung die Gestaltung und Formulierung des Entscheidungsproblems miteinbezieht, um die kognitive Belastung zu mindern (vgl. Kahneman/Tversky 1981, S. 456f.). Die kognitive Belastung entsteht, da aufgrund der begrenzten Verarbeitungskapazität des Gehirns nicht alle Informationen des Entscheidungsproblems kognitiv verarbeitet werden können. Die im Entscheidungsproblem dargebotenen Informationen werden demnach in Abhängigkeit von ihrer Formulierung und Gestaltung interpretiert, da sie die Entscheidungsfindung des Informationsempfängers, durch die Reduzierung der kognitiven Belastung, vereinfachen (vgl. Kahneman/Tversky 1981, S. 457f.). Im Kontext des Berichtswesens kann die Formulierung und Darstellung der im Bericht enthaltenen Informationen anders als vom Controller beabsichtigt wurde von dem Manager interpretiert werden und zu einer Fehlentscheidung des Managers führen. Diese Fehlentscheidung stellt die versteckte Wirkung des Berichts nochmals in den Vordergrund, da der Manager unbewusst die Darstellung und Formulierung mit in seine Entscheidungsfundierung integriert, die wiederum seine Handlung beeinflusst (vgl. Taschner 2015, S. 37). Es kann dazu führen, dass der Manager aufgrund der Fehlinterpretation eine Entscheidung oder Handlung ausführt, die nicht optimal für die Erreichung des Unternehmensziels ist.

3.4 Die Maßnahmenwahl auf Basis der Berichtsinformationen deutet die Präsenz des Availability Bias an

Der Prozess des Berichtswesens endet mit der Prozessphase der Maßnahmenwahl, in welcher der Steuerungszweck des Berichtswesens zum Ausdruck kommt. Das Ziel des Berichtswesens ist es, den Managern mit steuerungsrelevanten finanziellen und nichtfinanziellen Informationen zu versorgen, die ihm das betriebliche und außerbetriebliche Geschehen vor Augen führen und dazu verleiten, Entscheidungen für die zielorientierte Steuerung des Unternehmens zu treffen (vgl. ICV 2012, S. 11f.). Aufbauend auf dem Kontrollzweck des Berichts, kann der Manager anhand der gegenübergestellten Ist-, Soll- und Prognosewerte überprüfen, ob Ziele, Strategien oder Pläne erreicht wurden und dementsprechend Abweichungen herausfiltern (vgl. IGC 2012, S. 33ff.; Küpper 1990, S. 831f.). Anhand der identifizierten Abweichungsursachen trifft der Manager Entscheidungen über die Implementierung von entgegenwirkenden Maßnahmen, die gegen die Fehlentwicklung bzw. Abweichung steuern und somit die Unternehmenszielerreichung erneut ermöglichen (vgl. Küpper 1990, S. 816). Hier werden die Berichtszwecke der Planung- und Entscheidungsunterstützung deutlich, da der Manager auf der Grundlage des Berichts seine Entscheidung formt und festlegt. Zusammenfassend verleitet der Bericht, widergespiegelt anhand dem Steuerungszweck bzw. dem Zweck Handlungen auszulösen, den Manager dazu, Entscheidungen über Steuerungsmaßnahmen bzw. unternehmenszielführende Maßnahmen zu treffen und jene Maßnahmen auch zu implementieren (vgl. Taschner 2013a, S. 46f.). Die Problematik, die im Rahmen der Maßnahmenwahl auftaucht, ist diese, dass der Manager nur auf der Grundlage der finanziellen und nichtfinanziellen Informationen, die explizit im Bericht enthalten sind, eine Entscheidung bezüglich einer Maßnahme trifft. Konkret bedeutet dies, dass der Manager sich auf die Nutzung der im Bericht enthaltenen Informationen für seine Entscheidungsfindung beschränkt, ohne weitere Informationen für die Entscheidungsfindung bei dem Controller anzufordern (vgl. ICV 2012, S. 12). Der Grund für die beschränkte Informationsnutzung ist auch hier auf die kognitive Rationalitätsbeschränkung zurückzuführen (vgl. Kahneman/Tversky 1973, S. 227-231). Die Folge daraus ist, dass die Entscheidung bezüglich einer Maßnahme, geprägt ist von kognitiven Verzerrungen, was dazu führt das die Entscheidung nicht optimal im Sinne der Unternehmenszielerreichung sein kann (vgl. Aschenbrücker 2012, S. 192). Im Kontext der ausschließlichen Nutzung der verfügbaren Informationen aus dem Bericht wird hier insbesondere die Präsenz des Availability Bias deutlich (vgl. ICV 2012, S. 11f.).

Der Availability Bias, zu deutsch Verfügbarkeitsfehler, veranschaulicht, dass Menschen zur Bewertung der Wahrscheinlichkeit eines komplexen Ereignisses die einfachsten oder leicht gedanklich verfügbarsten Szenarien heranziehen (vgl. Kahneman/Tversky 1973, S. 227-231). Demzufolge tendiert der Manager dazu, für seine Maßnahmenwahl nur die Informationen aus dem Bericht zu nutzen, da diese schon vorhanden sind oder gedanklich leicht abrufbar sind. Der Manager neigt also dazu, keine weiteren Informationen für die Maßnahmenwahl heranzuziehen, da dieser in Anbetracht der komplexen Entscheidungsfindung sowie seiner beschränkten Rationalitätsbeschränkung davon ausgeht, dass die notwendigen Informationen schon im Bericht vorhanden sind (vgl. Kahneman/Lovallo/Sibony 2011, S. 56 ; ICV 2012 S. 12).

Die Folge dieser kognitiven Verzerrungen, die in den vorherigen Unterkapiteln ausführlich erklärt wurden, ist, dass die Entscheidung des Managers nicht vollkommen optimal für die Erreichung der Unternehmensziele sein kann, da das Berichtswesen nicht auf rationalen Handlungen des Controllers als auch des Managers aufbaut. Das Problem ist nicht nur, dass sich die kognitiven Verzerrungen bis zur Prozessphase der Maßnahmenwahl gestapelt haben und somit keine „qualitative" Maßnahmenwahl ermöglichen (vgl. Weber 2009, S. 32ff.). Vielmehr ist das Hauptproblem, dass weder dem Controller noch dem Manager bewusst ist, dass deren Entscheidungen und Handlungen in allen Prozessphasen von Biases geprägt sind. Die Folge der controllerseitigen kognitiven Verzerrung ist, dass der Zustand des Unternehmens, veranschaulicht durch die finanziellen und nichtfinanziellen Kennzahlen, fehlerhaft bzw. verzerrt projiziert wird. Folglich führt die verzerrte Darstellung des betrieblichen als auch außerbetrieblichen Zustands dazu, dass der Manager Fehlentscheidungen treffen kann, die nicht zielführend sind. Zudem bewirkt die kognitive Verzerrung und somit beschränkt rationale Handlung des Managers unmittelbar, dass die gewählte Maßnahme nicht optimal zur Erreichung der Unternehmensziele ist. Daher ist für die zielorientierte Steuerung des Unternehmens wichtig, dass Lösungsansätze implementiert werden, die die Bewältigung der Bias bzw. kognitiven Verzerrungen zum Ziel haben. Daher wird im Folgenden der Fokus auf ausgewählte Lösungsansätze gesetzt, die darauf abzielen, anhand einer verbesserten und somit verstärkten Interaktion zwischen dem Controller und Manager die zuvor thematisierten Bias zu bewältigen (vgl. Aschenbrücker 2012, S. 192f.).

4 Ausgewählte Lösungsansätze zur Bewältigung der Biases

4.1 Die Fehlerkultur induziert die Notwendigkeit des Debiasing

Das Debiasing hat zum Ziel, die Biases des Menschen, die während der Wahrnehmung, Bearbeitung und insbesondere bei der Beurteilung von Informationen im Rahmen der Entscheidungsfindung unbewusst entstehen, zu reduzieren und in Folge dessen eine optimale Entscheidung zu ermöglichen (vgl. Fischoff 1981, S. 1-3). Den ersten Schritt hin zum Debiasing und somit zur Bewältigung der Biases bildet die aktive Kenntnisnahme der ökonomischen Akteure über die Existenz von Biases. Erforderlich ist es demnach, ein Problembewusstsein bei dem Controller und Manager zu schaffen, da kein Debiasing ohne die Kenntnis über die Existenz von Biases möglich ist (vgl. Brekke/Wilson 1994, S.121f.; Fischoff 1981, S. 34). Das Problembewusstsein kann entstehen, während Controller oder Manager sich selbst über Biases informieren, indem sie bspw. Broschüren lesen oder Fachliteratur heranziehen (vgl. Buhrmann/Carter/Kaufmann 2010, S. 804; Weber/Schäffer 2016a, S. 12). Darüber hinaus können Trainings, Schulungen oder Workshops, in welchem dem Controller und dem Manager vor Augen geführt wird, dass ihre Handlungen, Entscheidungen und Beurteilungen mit Biases behaftet sind, dazu beitragen ein Problembewusstsein bzw. Bewusstsein über die Existenz von Bias zu schaffen (vgl. Buhrmann/Carter/Kaufmann 2010, S. 804; Drews/Friedrichsen 2012, S. 325 ff.; Fischoff 1981, S. 34; Schäffer/Weber 2016a, S. 12f.). Beispielsweise kann der Controller die Dringlichkeit eines Debiasing-Trainings dem Manager vor Augen führen, indem diesem Entscheidungsfehler, die in der Vergangenheit durch Bias entstanden sind, präsentiert werden (vgl. Drews/Friedrichsen 2012, S. 352). Hierfür ist aber eine Fehlerkultur, die im Unternehmensmanagement verankert ist, notwendig, in welcher der Controller und Manager offen über Fehler kommunizieren können. Die Essenz der Fehlerkultur bildet hierbei das Vertrauen zwischen den Mitgliedern, das dafür sorgt, dass Fehler frei – ohne Angst vor Beschuldigungen oder Bestrafungen — kommuniziert werden können (vgl. Weber/Schäffer 2016a, S. 12; Edmondson 1999, S. 375-380). Klar wird, dass die Fehlerkultur durch die Vermittlung des toleranten Umgangs mit Fehlern sowie dem Aufbau von Vertrauen, die Beziehung zwischen Controllern und Managern verbessert (vgl. Edmondson 1999, S. 377f.). Die offene Kommunikation der Fehler führt dazu, dass die Mitglieder im Unternehmen mehr Erfahrung und Wissen über den Umgang mit Fehlern sammeln und somit besser Lösungen für auftretende Fehler finden können. Daraus folgt, dass durch die Fehlerkultur und dem damit einhergehenden besseren Umgang mit Fehlern die internen Arbeitsabläufe des Unternehmens optimiert werden können, da Fehler reduziert werden (vgl. Baer et al. 2005, S. 1236ff.). Denn erst durch die Kommunikation von Fehlern, können sie die Entstehung des Fehlers analysieren, der hier im Fall des Berichtswesens auf die Biases zurückzuführen sind. Folglich kann der Controller durch die offene Kommunikation möglicher Fehlentscheidungen, die aus den Bias resultieren, dem Manager die Notwendigkeit für das Debiasing aufzeigen (vgl. Drews/Friedrichsen 2012, S. 352). In Folge der Aktivierung des Bewusstseins, dass Fehlentscheidungen aufgrund von Bias entstehen können, können sowohl Controller als auch Manager dazu motiviert werden, Debiasing-Techniken anzuwenden. Debiasing-Techniken dienen dazu, auftretende Biases und deren Auswirkungen zu reduzieren (vgl. Brekke/Wilson 1994, S. 119-126). Außerdem ist die Voraussetzung für die Implementierung einer richtigen Debiasing-Technik, dass das Ausmaß und die Richtung der zugrundeliegenden kognitiven Verzerrung, dem Controller oder dem Manager bekannt sind (vgl. Brekke/Wilson 1994, S. 119-122; Croskerry / Mamede /Singhal 2013, S. 62f.). Erst dann ist gewährleistet, dass die Auswirkung der vorliegenden Biases erfolgreich anhand einer Debiasing-Technik gemildert werden kann (vgl. Croskerry/Mamede/Singhal 2013, S. 62f.). Im Kontext des Berichtswesens spielt das Debiasing eine große Rolle, da in jeder Prozessphase des Berichtswesens Biases auftauchen, die jeweils das Ergebnis der jeweiligen Prozessphase verfälschen bzw. verzerren. Am Ende des Prozesses des Berichtswesens können die vorherigen aufeinanderfolgenden Biases dazu führen, dass der Manager eine Fehlentscheidung bezüglich einer Maßnahme zur zielorientierten Steuerung des Unternehmens trifft (vgl. Hirsch/Schäffer/Weber 2008, S. 6-10). Deutlich wird die Bedeutsamkeit der Schaffung eines Problembewusstseins über Biases, denn erst wenn dem Controller und dem Manager bewusst wird, dass jede Prozessphase des Berichtswesens von Biases geprägt ist, kann die Bedeutung des Debiasing herausgestellt werden. Hierbei unterstützt die Existenz einer Fehlerkultur, dass Fehlentscheidungen, die durch Biases entstehen, näher betrachtet werden. Hierdurch wird auch gewährleistet, dass Manager und Controller ein Bewusstsein über die Existenz von Biases schaffen und somit die Notwendigkeit des Debiasing erkennen (vgl. Brekke/Wilson 1994, S. 121f.; Fischoff 1981, S. 34). Die Fehlerkultur optimiert die Beziehung zwischen Managern und Controllern, indem sie auf den Aufbau von Vertrauen und einen toleranten Umgang mit Fehlern abzielt. Dadurch wird gewährleistet, dass der Controller und Manager offen über Fehler und somit auch Biases reden. Folglich erkennen diese die Notwendigkeit der Implementierung von Lösungsansätzen und Debiasing-Techniken, die zur Reduzierung oder Vermeidung von Biases dienen. Die Debiasing-Techniken ermöglichen es demnach, die in den Prozessphasen auftretenden Biases und deren Auswirkungen zu vermindern. Gleichzeitig würde die Minderung der Wirkungen von Biases anhand Debiasing-Techniken dazu führen, dass das Ziel des Berichtswesens - die Übermittlung steuerungsrelevanter Informationen - optimaler als im Vorhandensein von Bias, erfüllt wird (vgl. Aschenbrücker 2012, S. 192f.). Denn wie Fischoff sagte :„when a bias fails, the result is improved judgment." (vgl. Fischoff 1981, S. 1). Eine konkrete Debiasing-Technik stellt die Verwendung von Checklisten dar. Checklisten geben für verschiedene Arten von Entscheidungsproblemen die benötigten Informationen an. Folglich können Manager überprüfen, ob für das vorliegende Entscheidungsproblem die notwendigen Informationen im Bericht enthalten sind (vgl. Kahneman/Lovallo/Sibony 2011, S.56). Dieser Abgleich der vorhandenen Informationen aus dem Bericht mit den notwendigen Informationen für das jeweilige Entscheidungsproblem stellt sicher, dass der Manager nicht nur auf der Grundlage der im Bericht überlieferten Kennzahlen entscheidet. Klar wird, dass durch die Nutzung der Checkliste der Availability Bias des Managers umgangen werden kann, da der Manager nun nicht nur auf Grundlage der im Bericht vorhandenen und leicht verfügbaren finanziellen und nichtfinanziellen Kennzahlen entscheidet, sondern überprüft, ob die vorhandene Informationsbasis für das Treffen einer möglichst guten Entscheidung laut der Checkliste ausreicht (vgl. Kahneman /Lovallo/Sibony 2011, S. 56).

4.2 Die empfängerorientierte Informationsaufbereitung zur Minderung des Confirmation Bias und Framing-Effekts

Im vorherigen Abschnitt wurde anhand der Debiasing-Technik erklärt, wie fundamental die Schaffung eines Problembewusstseins über Biases ist, da erst dieses Bewusstsein dazu führt, dass Debiasing-Techniken angewendet werden. Im Folgenden werden nun Lösungsansätze aufgeführt, die in der Literatur nicht unbedingt als explizite Debiasing-Technik bezeichnet werden, sondern vielmehr als „Maßnahmen" oder auch „Gestaltungsempfehlungen" bekannt sind (vgl. Aschenbrücker 2012, S.193; ICV 2012, S. 26f.). Diese Lösungsansätze in Form der Maßnahmen bzw. Gestaltungsempfehlungen verfolgen das

Ziel, anhand einer verstärkten Controller-Manager-Zusammenarbeit, die Wirkung oder Existenz von Biases zu reduzieren. Das Ziel ist es demnach, die Controller-Manager-Zusammenarbeit mithilfe dieser Maßnahmen zu optimieren. Denn durch eine verbesserte Controller-Manager-Beziehung, welche auch auf die verstärkte Controller-Manager-Zusammenarbeit hinausläuft, können Bias reduziert werden, wie es auch im Konzept des Behavioral Controllings betont wird (vgl. Aschenbrücker 2012, S.192f.; ICV 2012, S. 26f.).

Ein Lösungsansatz, der dazu dient, die Wirksamkeit von Biases durch die stärkere Interaktion des Controllers und Managers zu reduzieren, stellt die empfängerorientierte Informationsaufbereitung dar (vgl. ICV 2012, S. 28). Bei der empfängerorientierten Informationsaufbereitung zielt der Controller darauf ab, das Informationsangebot auf die Bedürfnisse des Managers abzustimmen und gleichzeitig jene Informationen rauszusuchen, die den Manager am besten dabei unterstützen, Entscheidungen für die zielorientierte Steuerung des Unternehmens zu treffen (vgl. Bruns/ McKinnon 1993, S. 86f.; Gleich/Horváth/Seiter 2015, S. 313-316). Die Bedeutung einer empfängerorientierten Informationsaufbereitung wird deutlich in den Vordergrund gerückt, sobald die empfängerorientierte Aufbereitung von Informationen im Rahmen des Berichtswesens fehlt bzw. nicht aktiv vom Controller implementiert wird (vgl. Gleich/Horváth/Seiter 2015, S. 313). Das Problem einer fehlenden empfängerorientierten Informationsaufbereitung wird unteranderem durch die unbewusste Anwendung des Confirmation Bias von Seiten des Controllers, aber auch durch die managerseitige Urteilsverzerrung bei der Berichtsanalyse, welche vom Framing-Effekt ausgelöst wird, deutlich (vgl. Kapitel 3.1; Kapitel 3.3). In der Prozessphase des Datenmanagements selektiert der Controller die zu erstellenden Kennzahlen vor, um den Manager kognitiv zu entlasten und agiert somit als Rationalitätssicherer. Gleichzeitig läuft aber der Controller der Gefahr, dass durch die Selektion der Kennzahlen und die damit einhergehende unbewusste Anwendung des Confirmation Bias wichtige steuerungsrelevante Informationen unbewusst außer Acht gelassen werden (vgl. Frey et al. 2001, S. 559-561; Wason 1971, S. 206-210). Daher muss der Controller, um die Informationslücke zu schließen, die Informationen empfängerorientiert aufbereiten, d.h. der Controller muss bei der Selektion der Kennzahlen darauf achten, dass diese den Informationsbedarf des Managers decken (vgl. Weber/Schäffer 2016b, S. 93ff.). Allerdings ist eine empfängerorientierte Informationsaufbereitung nur möglich, wenn der Controller mit dem Manager kommuniziert (vgl. ICV 2012, S. 28). Um den Informationsbedarf des

Managers zu decken, müssen Controller wissen, welche Kennzahlen Manager für ihre Entscheidung hinsichtlich der zielorientierten Steuerung des Unternehmens benötigen (vgl. Bruns/McKinnon 1993, S. 106 f.). Diese Bedingung kann nur erfüllt werden, wenn Manager in den Prozess des Datenmanagements integriert werden (vgl. O'Dea/Pierce 2003, S. 279). Der Manager kann hierbei nicht nur den Controller über seinen Informationsbedarf informieren, sondern auch aktiv die Berichtssysteme so gestalten, dass er seine gewünschten Informationen auch erhält (vgl. O'Dea/ Pierce 2003, S. 279; Taschner 2013b, S. 67 ff.). Die Zusammenarbeit zwischen Controller und Manager, die im Zuge der empfängerorientierten Informationsaufbereitung unumgänglich ist, kann demzufolge dabei helfen, dem Auftreten des Confirmation Bias entgegenzuwirken, da der Controller die Kennzahlen nicht selbstständig aussuchen bzw. selektieren muss. Der controllerseitig angewandte Confirmation Bias führt dazu, dass Informationen herangezogen werden, die der eigenen Einstellung, Ansicht und Meinung entsprechen. Folglich hält der Confirmation Bias den Controller davon ab, widersprüchliche Informationen heranzuziehen, was zu einer begrenzten Darstellung des Unternehmensgeschehen führt (vgl. Wason 1971, S. 206-210). Demzufolge kann auch der Manager den Zustand des Unternehmens nur eingeschränkt bzw. nur aus der Sicht des Controllers anhand des Berichts einsehen (vgl. ICV 2012, S. 12). Allerdings führt nun die Hinzuziehung der alternativen Meinung, Ansicht und Einstellung des Managers dazu, dass der Confirmation Bias des Controllers in seiner Wirksamkeit während der Selektion der Kennzahlen gedämpft, wenn nicht sogar verhindert wird, indem der Manager nun aktiv die Prozessphase des Datenmanagements mitgestalten kann (vgl. Kahneman/Lovallo/Sibony 2011, S. 55f.). Der Manager bietet demnach eine alternative Sichtweise, die die Ansichten, Meinungen und Einstellung des Controllers nicht zwangsweise bestätigt, sondern im Gegenteil falsifiziert (vgl. Kahneman/Lovallo/Sibony 2011, S. 55f.; Wason 1971, S. 206-210). Das Resultat der Implementation einer empfängerorientierten Informationsaufbereitung und die damit einhergehende, stärkere Zusammenarbeit von Managern und Controllern, stellt hierbei die Verhinderung des Confirmation Bias dar, was dazu führt, dass nicht nur Kennzahlen herangezogen werden, die der Controller für die zielorientierte Steuerung des Unternehmens als relevant erachtet, sondern auch der Manager. Für die empfängerorientierte Informationsaufbereitung muss der Controller nicht nur die Kenntnis darüber haben, welche Informationen den Informationsbedarf des Managers decken, sondern auch verstehen, wie die Informationen gestaltet und übermittelt werden sollen (vgl. ICV 2012, S. 28). Denn Controller müssen beachten, dass die Art der Formulierung und Gestaltung innerhalb des Berichts die Wahrnehmung des Managers über die im Bericht enthaltenen Information beeinflusst (vgl. Gleich/Horváth/Seiter 2015, S. 316). Der Auslöser für die Wahrnehmungsverzerrung, welche auch als Framing-Effekt zu bezeichnen ist, ist an der kognitiven Rationalitätsbeschränkung des Managers festzumachen, welche dafür sorgt, dass der Manager in der Prozessphase der Berichtsanalyse, während der Beurteilung der Informationen für seine Entscheidungsbildung, die Berichtsdarstellung mitinterpretiert (vgl. Kahneman/Tvserky 1981, S. 453-458). Dies kann jedoch dazu führen, dass der Manager die Informationen fehlinterpretiert und darauf aufbauend eine Fehlentscheidung trifft. Beispielsweise kann die Formulierung, dass ein zukünftiges Investitionsprojekt eine „Erfolgschance von 50% hat" (vgl. Breu/Gehrig 2013, S. 50), aufgrund der positiven Formulierung dazu führen, dass das Projekt mit einer höheren Wahrscheinlichkeit angenommen wird. Wohingegen im Bericht eine negative Formulierung wie „die Misserfolgschance beträgt 50%" (vgl. Breu/Gehrig 2013, S. 50) dazu führt, dass der Manager das Projekt als nicht erfolgsbringend einschätzt, was zu einer Ablehnung eines Projekts führen kann. Obwohl beide Formulierungen die gleiche Wahrscheinlichkeit beinhalten, beeinflusst die positive oder negative Formulierung das Urteil des Managers (vgl. Breu/Gehrig 2013, S. 50). Deswegen ist es so wichtig, dass der Controller die Informationen im Bericht möglichst neutral formuliert und darstellt, sodass die relevantesten Aspekte einer steuerungsrelevanten Information möglichst sichtbar werden (vgl. ICV 2012, S. 28). Allerdings ist eine neutrale Darstellung nicht möglich (vgl. ICV 2012, S. 28). Der Controller sollte daher die Grafiken, Tabellen und Formulierungen an den Anforderungen des Managers abstimmen, um die Subjektivität der Berichtsgestaltung und somit voreingenommene Formulierungen zu vermeiden (vgl. ICV 2012, S. 28). Die Abstimmung der Berichtsgestaltung an den Anforderungen des Managers ist nur möglich, wenn der Manager bei der Berichtsgestaltung aktiv involviert wird. Außerdem führt die stärkere Beteiligung des Managers an der Berichtsgestaltung dazu, dass der Framing-Effekt abgemildert wird, da der Manager sich aktiv mit den alternativen Darstellungsarten auseinandersetzt (vgl. Cheng/Wu 2010, S. 329-333). Erneut wird die Bedeutung der Zusammenarbeit zwischen Manager und Controller deutlich, da diese im Rahmen der empfängerorientierten Informationsaufbereitung dabei helfen kann, Biases zu vermeiden und eine optimale Entscheidungsunterstützung des Managers und somit eine optimale zielorientierte Steuerung des Unternehmens zu gewährleisten. Explizit führt die Integration des Managers im Rahmen der empfängerorientierten Informationsaufbereitung – die insbesondere in der Prozessphase des Datenmanagements stattfindet – zu einer intensiveren Controller-Manager-Zusammenarbeit, die wiederum im Kontext des Berichtswesens zu einer Reduzierung des Framing-Effekts und des Confirmation Bias führt. Deutlich wird, dass auch hier, wie im Konzept des Behavioral Controllings betont wird, dass durch eine verbesserte Interaktion des Managers und Controllers die auftretenden Biases reduziert werden können (vgl. Aschenbrücker 2012, S. 192f.).

4.3 Prognosen müssen kritisch betrachtet werden

Genau wie in dem Ansatz des Debiasing, ist es vorerst wichtig, dass der Manager sowie der Controller ein Bewusstsein für die mögliche Existenz des Anchoring Bias schaffen. Daher ist es wichtig, dass der Manager den Controller fragt, welche Zahlen auf Schätzungen basieren und welche Werte von einem historischen Anfangswert ausgehend angepasst wurden. Denn die Antwort auf jene Frage stellt klar, welche Werte von einem Anchoring Bias behaftet sind (vgl. Kahneman/Lovallo/Sibony 2011, S. 56f.). Hierauf kann der Manager im nächsten Schritt eine neue Analyse bzw. Berechnung der Prognose mithilfe neuer Methoden oder ggf. Benchmarks einfordern. Das primäre Ziel dieser erneuten Berechnung ist es nicht unbedingt, ein neues oder völlig anderes Ergebnis zu erhalten, sondern den Wert kritisch zu hinterfragen und möglicherweise die bestehende Prognose zu verifizieren oder vielleicht eine realitätsnähere zu finden (vgl. Kahneman/Lovallo/Sibony 2011, S. 56f.). Allerdings ist eine erneute Analyse von Seiten des Controllers nicht erkenntnisreich, da dieser schon geprägt vom Anchoring Bias und der beschränkten kognitiven Verarbeitungskapazität, die wiederum dazu führt, dass Entwicklungen aus der Umwelt zu gering betrachtet werden, eine unrealistische bzw. fehlerhafte Prognose berechnet hat (vgl. ICV 2012, S. XIII). Erwähnenswert ist, dass von Individuen stets in Anbetracht von Unsicherheit, die hier explizit die unsichere zu prognostizierende Zukunftssituation des Unternehmens und dessen Umwelt darstellt, der Anchoring Bias verwendet wird (vgl. Kahneman/Tversky 1974, S. 1124-1130). Einen Ansatz, um die Prognose dennoch zu verbessern und somit die Qualität des Berichtswesens zu steigern, bildet das Konzept der „Competing Anchors" bzw. zu deutsch „konkurrierende Anker" (vgl.

Sniezek 1992, S. 131ff.). Das Ziel dieses Konzeptes ist es, den Anchoring Bias des einzelnen Individuums zu eliminieren, indem eine Gruppe aus Individuen geschaffen wird, die gemeinsam eine Prognose oder ein Urteil unter Unsicherheit treffen (vgl. Sniezek 1992, S. 133). Die Idee ist es, dass die Individuen innerhalb der Gruppe verschiedene Anfangswerte nutzen und somit verschiedene, dem Anchoring Bias zugrundeliegende Entscheidungen treffen. Folglich führt die Nutzung dieser alternativen Anfangswerte dazu, dass mehrere Anfangswerte ausgewertet werden müssen, um zu einem Gruppenurteil zu gelangen. Genau diese Auswertung verhindert, dass man an dem angenommen individuellen Anfangswert und somit auch Anchoring Bias des Controllers verharrt (vgl. Sniezek 1992, S. 132f.). Dies bedeutet konkret, dass die Berechnung einer Prognose innerhalb einer Gruppe dazu führt, den Anchoring Bias des Controllers zu eliminieren. Gleichzeitig verwenden zwar die Gruppenmitglieder verschiedene Anfangswerte und sind somit selbst dem Anchoring Bias unterlegen, jedoch führt die Berücksichtigung der alternativen Anfangswerte der Gruppenmitglieder dazu, dass realistischere Ergebnisse getroffen werden (vgl. Sniezek 1992, S.133-137). Denn die Gruppenmitglieder versuchen trotz der alternativen und verschiedenen Anfangswerte zu einem gemeinsamen Nenner zu gelangen, indem sie die alternativen Anfangswerte auswerten und somit auch das Verharren an dem Anchoring Bias des Einzelnen (Controller) umgehen. Allerdings kann die Gruppe den Bias des Einzelnen nur eliminieren und somit die Entscheidungsqualität verbessern, wenn die Informationen bzw. Anfangswerte der Gruppenmitglieder unterschiedlich sind und alle Informationen gemeinsam ausgewertet werden, um zu einer Gruppenentscheidung zu gelangen (vgl. Sniezek 1992, S. 133-149). Der Grund für die unterschiedlichen Ansichten der Gruppenmitglieder bezüglich des Anfangswertes ist auf die Meinungsverschiedenheiten der Gruppenmitglieder zurückzuführen, die ihren Ursprung in der kognitiven Diversität findet (vgl. Page 2007, S. 7; Sniezek 1992, S. 132-135). Die kognitive Diversität beschreibt, dass Individuen z.B. in Abhängigkeit von ihrer „Erfahrung, Training und Identität" (Page 2007, S. 173), unterschiedliche „Denkweisen und Arten der Informationsverarbeitung" (ICV 2012, S. 5) aufweisen. Diese Unterschiede, die durch die kognitive Diversität zu begründen sind, sind bedeutend, um die Meinungsvielfalt und somit auch die Anzahl an verschiedenen Perspektiven und Alternativen für die Lösung eines vorliegenden Problems aufrecht zu erhalten (vgl. Page 2007, S. 7 und 170-173). Daher ist es wichtig die Kognitive Diversität im Unternehmen zu fördern, indem Teams aus Managern und Controllern gebildet werden. Durch die Zusammenarbeit der

Controller und Manager kann einerseits die Wissensbasis erweitert werden, was die Meinungs- und Perspektivenvielfalt garantiert, und andererseits zu einer besseren Problemlösung führen (vgl. Page 2007, S. 173). Das Ergebnis hieraus ist, dass die unterschiedlichen Denkweisen zwischen Controller und Managern genutzt werden können, um Prognosen zu berechnen, da beide unterschiedliche Anfangswerte annehmen können, die in der Summe die Prognose realistischer gestalten (vgl. Page 2007, S.208-235; Sniezek 1992, S.133-137). Allerdings muss das Unternehmen beachten, dass durch die kognitive Diversität entstehende Meinungsvielfalt natürlicherweise auch Konflikte zwischen den Gruppenmitgliedern aufkommen können (vgl. Jehn/Neale/Northcraft 1999, S. 734ff.; Page 2007, S. 299/322-335.). Daher ist es wichtig, dass das Unternehmen im Umgang mit der kognitiven Diversität in Teams mit Konflikten einhergehende Kommunikationsbarrieren abbaut, damit die Zusammenarbeit zwischen Controllern und Managern möglichst optimal ist (vgl. ICV 2012, S. 27). Dadurch wird gewährleistet, dass Controller und Manager besser miteinander interagieren und somit die Biases effektiver reduzieren können, was gleichzeitig zu seinem besseren Berichtswesen führt.

5 Fazit

Das Ziel dieser Arbeit war es, darzulegen, dass das verhaltenswissenschaftliche Konzept des Behavioral Controlling eine bedeutende Rolle innerhalb des Berichtswesens spielt, indem der Fokus auf die im Behavioral Controlling thematisierten Könnensdefizite des Menschen, die innerhalb des Prozesses des Berichtswesens ihre Wirkung in Form von Biases zeigten, gesetzt wurde. Die Bedeutung des Behavioral Controllings wurde auf der Grundlage der verhaltensbeeinflussenden Wirkungen des Berichtsinhalts verdeutlicht (vgl. Koch 1994, S. 14). Denn die verhaltensbeeinflussende Wirkung, die zugleich den Berichtszweck der Steuerung entspricht, sollte im Optimalfall dazu führen, dass der Manager ein unternehmenszielführendes Verhalten in Form eines Vergleichs bzw. Analyse der im Bericht enthaltenen Informationen ausführt, um Abweichungen oder Fehlentwicklungen zu erkennen. Darauf anknüpfend sollte der Manager eine Maßnahme ergreifen, die dazu dient, der Abweichung entgegenzusteuern und die Zielerreichung des Unternehmens sicherzustellen (vgl. Küpper 1990, S. 816 und 831f.; Taschner 2013a, S. 46f.). Daher erweist es sich aufgrund der verhaltensbeeinflussenden Wirkung des Berichts als Notwendig den verhaltenswissenschaftlich orientierten Ansatz des Behavioral Controllings miteinzubeziehen, da erst anhand dieser analysiert werden kann, wie der Manager im realen Leben, divergierend vom Optimal des Homo Oeconomicus, auf den Berichtsinhalt reagiert (vgl. Caplan 1966, S. 508f.; Hirsch/Weber/Schäffer 2008, S.5-9; Küpper 1991, S. 260). Insbesondere die Könnensdefizite bzw. kognitive Rationalitätsbeschränkung, die im Konzept des Behavioral Controlling thematisiert werden, stellten klar, dass der Mensch nicht in der Lage ist, rational zu handeln und zu entscheiden. Insbesondere in Anbetracht von komplexen Entscheidungssituationen verwenden Menschen unbewusst aufgrund ihrer kognitiven Rationalitätsbeschränkung Heuristiken, die die Komplexität der Entscheidungssituation reduzieren (vgl. Simon 1972, S. 165-176). Allerdings führt die Anwendung der Heuristik zur Präsenz von Biases, die die fehlerhaften Entscheidungen und Handlungen des Menschen darstellen (vgl. Kahneman/Tversky 1974, S. 1124). Im Bezug zum Berichtswesen wurde klar, dass die Handlungen und Entscheidungen des Controllers und Managers behaftet sind von Biases, welche verhinderten, dass das Ziel des Berichtswesens und zwar die Erstellung und Übermittlung steuerungsrelevanter Informationen optimal ausgeführt wird (vgl. Blohm 1974, S.15; Taschner 2013a, S. 38). Zum besseren Verständnis über das optimale Berichtswesen, wurde es als Prozess dargestellt sowie die Aufgaben des Controllers und Managers vorgestellt, die diese, nach dem

31

Homo Oeconomicus handelnd, erledigen. Jedoch wurde, anhand der Erkenntnisse des Behavioral Controllings klar, dass der Mensch aufgrund seiner kognitiven Rationalitäts-beschränkung, die zentrale Störungsquelle für die Implementierung eines optimalen Be-richtswesens darstellt (Taschner 2013b, S. 11ff). Konkret bedeutete dies für das Berichts-wesen, dass der Manger und Controller ihre Aufgaben in den jeweiligen Prozessphasen des Berichtswesens nicht optimal bzw. rational erledigen können, sodass alle Prozesspha-sen von verschiedenen controller- und managerseitigen Biases geprägt sind. Klar wurde, dass der Controller aufgrund seiner kognitiven Rationalitätsbeschränkung in der Phase des Datenmanagements, in welcher er die steuerungsrelevanten Kennzahlen selektiert, nur jene Kennzahlen wählt, die er, geprägt vom Confirmation Bias, präferiert (vgl. Frey et al. 2001, S. 268ff.; Hirsch 2005, S. 282-285; Wason 1971, S. 206-210). Auch stellte die Berichterstellung als zweite Prozessphase eine komplexe Aufgabe dar, in welcher, insbesondere bei der Berechnung von Prognosen, der Anchoring Bias vom Controller unbewusst verwendet wurde (vgl. Kahnemann/Tverky 1974, S. 1124-1131). Im Gegen-satz zum Controller als Ersteller des Berichtes, stach beim Manager als Empfänger des Berichts hervor, dass dieser während der Nutzung des Berichts unbewusst Biases in seiner Entscheidungsfindung bzw. Urteilsbildung verwendete. Insbesondere bei der Berichts-analyse, lässt sich der Manager von der Art der Darstellung des Berichts beeinflussen, was ein Indiz für den Framing-Effekt ist (vgl. Kahneman/Tversky 1981, S. 453-458). Darüber hinaus wurde klar, dass der Manager nur auf der Grundlage der vorhandenen Informationen des Berichts eine Entscheidung trifft, was auf die Anwendung des Availa-bility Bias hindeutet (vgl. Kahnemann/Tversky 1974, S. 1127-1131; Tversky/Kahneman 1973, S. 227-231). Insgesamt konnte festgestellt werden, dass in jeder Prozessphase des Berichtswesens Biases existieren, die wiederum verhindern, dass das Berichtswesen op-timal ist. Genau hier wird nochmals die Bedeutung des Behavioral Controllings deutlich, da diese Biases mit Hilfe der Erkenntnisse aus dem Konzept des Behavioral Controllings bewältigt werden können. Denn das Ziel des Behavioral Controllings ist es, durch eine engere Zusammenarbeit zwischen Controllern und Managern Biases aufzudecken und anhand von Debiasing-Techniken oder Lösungsansätzen Biases zu bewältigen (vgl. Aschenbrücker 2012, S. 192f.). Daher war auch ein weiteres Ziel der Arbeit, Lösungsan-sätze zur Bewältigung der Biases vorzustellen, die sich insbesondere durch eine intensive Controller-Manager-Zusammenarbeit kennzeichnen. Hierfür wurde vorerst das De-biasing aufgegriffen, um die grundlegende Bedingung für die Bewältigung von Biases zu veranschaulichen, die hier die Schaffung eines Bewusstseins über Biases darstellt (vgl. Brekke/Wilson 1994, S. 121f.; Croskerry/Mamede/Singhal 2013, S. 61ff.; Fischoff 1981, S. 34). Gleichzeitig konnte hier auch die Bedeutung einer Fehlerkultur im Unternehmen herausgestellt werden, da anhand dieser Fehlentscheidungen oder fehlerhafte Handlungen offener kommuniziert werden und dadurch auch ihr Ursprung, der hier auf die Biases zurückzuführen ist, analysiert wird (vgl. Edmondson 1999, S. 375-380; Schäffer/Weber 2016, S. 12). Deutlich ist, dass ohne eine Fehlerkultur kein Bewusstsein für Biases geschaffen werden könnte. Daher ist es von Bedeutung eine Fehlerkultur im Unternehmen zu verankern, die auf dem Vertrauensaufbau zwischen Controller und Manager basiert und somit auch den toleranten Umgang mit Fehlern erlaubt. Nachdem ein Problembewusstsein über Bias geschaffen wurde, stellte dies sicher, dass die Notwendigkeit für Debiasing-Techniken und Lösungsansätzen zur Bewältigung der Bias erkannt wird (vgl. Drews/Friedrichsen 2012, S. 352). Hier wurde die Debiasing Technik der Verwendung von Checklisten vorgestellt, die es ermöglichen, dass der Manager nicht nur auf der Grundlage der im Bericht gelieferten Informationen Entscheidungen trifft, sondern überprüft, ob auch wirklich alle Informationen für das vorliegende Entscheidungsproblem vorhanden sind (vgl. Kahneman/Lovallo/Sibony 2011, S. 56). Dies ermöglichte es den Availability Bias des Managers zu reduzieren. Einen weiteren Lösungsansatz stellt die empfängerorientierte Informationsaufbereitung dar, die dazu beiträgt den controllerseitigen Confirmation Bias sowie den managerseitigen Framing-Effekt zu mildern (vgl. ICV 2012, S. 28). Wichtig war es hier, dass der Manager in die Prozessphase des Datenmanagements integriert wird, um auch seine Bedürfnisse bezüglich der gewünschten Kennzahlen und Darstellungsarten dem Controller verdeutlichen zu können (vgl. O'Dea/Pierce 2003, S. 279; Taschner 2013b, S. 67ff.; Cheng 2010, S. 329-333). Anhand der empfängerorientierten Informationsaufbereitung und der aktiven Beteiligung des Managers innerhalb des Datenmanagements konnte zudem sichergestellt werden, dass der Manager die gewünschten Informationen für die Steuerung des Unternehmens erhält, was zugleich die Effektivität des Berichtswesens sicherstellt. Zuletzt wurde der Anchoring Bias, der die Berechnung von Prognosen verzerrte, anhand dem „Konzept der konkurrierenden Anker" relativiert (vgl. Sniezek 1992, S. 122-137). Der Grund für die Relativierung des Anchoring Biases und somit fehlenden Bewältigung ist, dass Prognosen meistens von einem vergangenen Wert aus geschätzt werden, was dazu führt, dass die Existenz des Anchoring Bias nicht ausgeschlossen werden kann (vgl. Kahneman/Tversky 1974, S. 1124-1131).

Allerdings können Controller und Manager gemeinsam den Wert erneut berechnen, sodass das Gruppenurteil der beiden in Summe den Anchoring Effekt mildern müsste (vgl. Sniezek 1992, S. 131-137). Hierbei garantiert die kognitive Diversität nur, dass die Perspektivenvielfalt und somit auch divergierende Sichtweise für eine kritische Betrachtung der Prognose aufrechterhalten wird (vgl. Page 2007, S. 170-173). Insgesamt konnte anhand der existierenden Biases und notwendigen Debiasing Maßnahmen klargestellt werden, dass das Behavioral Controlling eine wichtige Rolle im Berichtswesens spielt. Denn ohne die Erkenntnisse aus dem Konzept des Behavioral Controllings, wäre es nicht einmal möglich, zu verstehen, dass Manager und Controller aufgrund ihren kognitiven Rationalitätsbeschränkungen divergierend vom Modell des Homo Oeconomicus handeln und entscheiden können (vgl. Caplan 1966, S. 508f.; Aschenbrücker 2012, S. 192f.). Auch wenn nur ausgewählte Biases aufgezeigt werden konnten und somit das volle Potenzial von Biases innerhalb des Berichtswesens nur begrenzt einsehbar war, wurde klar, dass es nicht möglich ist, ein optimales Berichtswesen zu implementieren. Daher ist es umso bedeutender, die Erkenntnisse aus dem Konzept des Behavioral Controllings zu nutzen, um primär ein Bewusstsein für die Existenz von Biases zu schaffen. Denn erst wenn der Manager und Controller die Existenz von Biases anerkennen, werden diese die Notwendigkeit von Debiasing-Techniken und Lösungsansätzen, die auf einer engeren Controller-Manager-Zusammenarbeit basieren, nachvollziehen können.

Literaturverzeichnis

Aschenbrücker, A. (2012): Behavioral Controlling, in: Controlling, Zeitschrift für erfolgsorientierte Unternehmenssteuerung, 24. Jg., Nr. 3, S. 192-193

Baer, M./Frese, M./Sonnentag, S./van Dyck, C. (2005): Organizational Error Management Culture and Its Impact on Performance: A Two-Study Replication, in: Journal of Applied Psychology, Vol. 90, No. 6, p. 1128-1240

Blohm, H. (1974): Die Gestaltung des betrieblichen Berichtswesens als Problem der Leitungsorganisation, 2.Auflage, Herne, Berlin

Blohm, H. (1975): Informationswesen, Organisation des, in: Grochla, E./Wittmann W. (Hrsg.): Handwörterbuch der Betriebswirtschaft, Enzyklopädie der Betriebswirtschaftslehre Band 2, 4. Auflage, Sp. 1924-1930, Stuttgart

Brekke, N./Wilson, T. D. (1994): Mental contamination and mental correction: unwanted influences on judgements and evaluations, in: Psychological bulletin, Vol. 116, No. 1, p. 117-142

Breu, M./Gehrig, M. (2013): Controlling hilft, strategische Denkfehler zu vermeiden, in: Controlling & Management Review, 57. Jg., Nr. 3, S. 46-53

Bruns, W. J./ McKinnon, S. M. (1993): Information and Managers: A Field Study, in: Journal of management accounting, Vol. 5, p. 84-108

Buhrmann, C./Carter, C. R./Kaufmann, L. (2010): Debiasing the supplier selection decision: a taxonomy and conceptualization, in: International Journal of Physical Distribution & Logistics Management, Vol. 40, No. 10, p. 792-821

Bundeszentrale für politische Bildung (2016): Homo Oeconomicus, URL: http://www.bpb.de/nachschlagen/lexika/lexikon-der-wirtschaft/19635/homo-oeconomicus , Abfrage: 15.12.2019

Caplan, E. H. (1966): Behavioral Assumption of Management Accounting, in: The Accounting Review, Vol. 41, Nr. 3 (July), p. 496-509

Chapman G. B./Johnson E. J. (1999): Anchoring, Activation, and the Construction of Values, in: Organizational and Human Decision Processes, Vol. 79, No. 2, p.115-153

Cheng, F./Wu, C. (2010): Debiasing the framing effect: The effect of warning and involvement, in: Decision Support Systems, Vol. 49, No. 3, p. 328-334

Croskerry P./ Singhal, G./ Mamede, S. (2013): Cognitive debiasing 1: origins of bias and theory of debiasing, in: Narrative Review (BMJ Qual Saf 2013), 22.Jg., S. ii58-ii64

Davila, A./Simons, R. (1998): How high is your return on investment?, in: Harvard Business Review, Vol. 76, Nr. 1, p. 70-81

Drews, H./Friedrichsen, H. (2012): Rationalitätssicherung bei betrieblichen Entscheidungen: Bias erkennen und vermeiden, in: Wirtschaftswissenschaftliches Studium (WiST), 41. Jg., Nr. 7, S. 350-354

Edmondson, A. (1999): Psychological Safety and Learning Behavior in Work Teams, in: Administrative Science Quarterly, Vol. 44, No. 2, p. 350-383

Eichholz, R. R. (2008): Berichtswesen und Informationsmanagement, 3. Auflage, München: Beck

Fischoff, B. (1981): Debiasing, in: Decision Research Eugene Oregon

Frey, D./Jonas, E./Schulz-Hardt, S./Thelen, N. (2001): Confirmation Bias in Sequential Information Search After Preliminary Decisions: An Expansion of Dissonance Theoretical Research on Selective Exposure to Information, in: Journal of Personality and Social Psychology, Vol. 80, No. 4, p. 557-571

Graham, W. J. (1949): The Effect of Changing Price Levels upon the Determination, Reporting, and Interpretation of Income, in: The Accounting Review, Vol. 24, Nr. 1, p. 15-26

Gladen, W. (2014): Performance Measurement: Controlling mit Kennzahlen, 6. Auflage, Wiesbaden

Gleich, R./Horváth, P./Michel, U. (2008): Management Reporting: Grundlagen, Praxis und Perspektiven, Freiburg, Berlin, München

Gleich, R./Horváth, P./Seiter, M. (2015): Controlling 13. Auflage, München

Hirsch, B. (2005): Verhaltensorientiertes Controlling – Könnensprobleme bei der Steuerung mit Kennzahlen, in: Controlling & Management Review (Zeitschrift für Controlling und Management), 49. Jg., Nr. 4, S. 282-288

Hirsch, B./Schäffer, U./Jürgen, W. (2008): Zur Grundkonzeption eines verhaltensorientierten Controllings, in: Controlling & Management Review (Zeitschrift für Controlling und Management), Sonderheft Nr. 1, S. 5-11

Internationaler Controller Verein e.V. (2012): Was macht Controller erfolgreich(er)?: Auf das Verhalten kommt es an!, Dream Car der Ideenwerkstatt im ICV, Gauting

Internationaler Controller Verein e.V. (2014): Big Data: Potenzial für den Controller, Dream Car der Ideenwerkstatt im ICV, Gauting

International Group of Controlling (Hrsg.) (2010): Controller-Wörterbuch, 4. Auflage, Stuttgart

International Group of Controlling (2011): Controlling-Prozessmodell: Ein Leitfaden für die Beschreibung und Gestaltung von Controlling-Prozessen, Freiburg, Berlin, München

Jehn, K. A./Neale, M. A./Northcraft, G. B. (1999): Why Diversity Make A Difference: A field Study of Diversity, Conflict and Performance in Workgroups, in: Administrative Science Quarterly, Vol. 44, No. 4, p. 741-763

Kahneman, D./ Lovallo, D./ Sibony, O. (2011): Before You Make That Big Decision, in: Harvard Business Review, 89.Jg., Nr.6, S.50-60

Kahneman, D./Tversky, A. (1973): Availability: A heuristic for judging frequency and probability, in: Cognitive Psychology, Vol. 5, No. 2, p. 207-232

Kahneman, D./Tversky, A. (1974): Judgment under Uncertainty: Heuristics and Biases, in: Science, Vol. 185, Issue 4157, p. 1124-1131

Kahneman, D./Tversky, A. (1981): The Framing of Decisions and the psychology of Choice, in: Science, Vol. 221, No. 4481, p. 453-458

Kaplan, S. R./Norton D. P. (1992): The Balanced Scorecard – Measures That Drive Performance, in: Harvard Business Review, 2005, Vol. 83, Nr. 7, S. 71-79

Koch, R. (1994): Betriebliches Berichtswesen als Informations- und Steuerungsinstrument, Frankfurt a.M.

Kotter, J. P. (2000): What leaders really do, in: The Bottom Line, 13. Jg., Nr. 1, p. 1-13

Küpper, H.-U. (1990): Industrielles Controlling, in: Schweitzer, M. (Hrsg.): Industriebetriebslehre: Das Wirtschaften in Industrieunternehmungen, München, S. 781-891

Küpper, H.-U. (1991): Übersicht und Entwicklungstendenzen im Controlling, in: Scheer, A.W. (Hrsg.): Rechnungswesen und EDV: 12. Saarbrücker Arbeitstagung 1991: Kritische Erfolgsfaktoren in Rechnungswesen und Controlling, Heidelberg, S. 243-270

Lichtenstein, S./Slovic, P. (1971): Comparison of Bayesian and Regression Approaches to the Study of Information Processing in Judgment, in: Organizational Behavior and Human Performance, Vol. 6, Nr. 6, p. 649-744

Liebtruth, T./Otto, A. (2006): Ein formales Modell zur Auswahl von Kennzahlen, in: Controlling, Zeitschrift für Erfolgsorientierte Unternehmenssteuerung, Nr.1, S. 13-23

Lührmann, T./Malz, R./Weber, J. (2012): Excellence im Management Reporting: Transparenz für die Unternehmenssteuerung, in: Advanced Controlling, Band 62, Weinheim

March J. G./Simon H.A. (1976): Kognitive Grenzen der Rationalität, in: Organisation und Individuum: Führung – Strategie – Organisation (Schriftenreihe des interdisziplinären Instituts für Unternehmensführung an der Wirtschaftsuniversität Wien, Vol. 3, Wiesbaden, S. 129-159

Mintzberberg, H. (1973): A new look at the Chief Executive's Job, in: Organizational Dynamics, Vol. 1, Issue 3, p. 21-30

O'Dea, T./Pierce, B. (2003): Management accounting information and the needs of managers Perceptions of managers and accountants compared, in: The British Accounting Review, Vol. 35, No. 3, p. 257-290

Page, S. E. (2008): The Difference: how the power of diversity creates better groups, firms, schools, and societies, New Jersey

Player, S. (2009): Managing through change: The Power of Rolling Forecasts, in: Innovation in Action Series, IBM Cognos Innovation Center for Performance Management, p. 1-23

Sandt, J. (2003): Kennzahlen für die Unternehmensführung – verlorenes Heimspiel für Controller ?, in: Controlling & Management Review (früher: Zeitschrift für Controlling und Management, ZfCM), 47. Jg., Nr. 1, S. 75-79

Schäffer, U./Weber, J. (1999): Sicherstellung der Rationalität von Führung als Aufgabe des Controlling ?, in: Die Betriebswirtschaft, 56. Jg., Heft 6, S. 731-747

Schäffer, U./Weber, J. (2016a): Wirklich rationale Entscheidungen: Die nächste Herausforderung für das Controlling, in: Controller Magazin, 41. Jg., Nr.2, S. 8-13

Schäffer, U./Weber, J. (2016b): Einführung in das Controlling, 15. Auflage, Stuttgart

Simon, H. A. (1972): Theories of Bounded Rationality, in: Decision and organization, Vol. 1, Nr. 1, p. 161-176

Simon, H. A. (1978): Rationality as a Process and as a Product of Thought, in: American Economic Review, Vol. 68, Nr. 2, p. 1-16

Sniezek, J. A. (1992): Groups under Uncertainty: An Examination of Confidence in Group Decision Making, in: Organizational Behavior and Human Decision Processes, Vol. 52, Nr. 1, p. 124-155

Taschner, A. (2013a): Management Reporting: Erfolgsfaktor internes Berichtswesen, Wiesbaden

Taschner, A. (2013b): Management Reporting für Praktiker: Lösungsorientierte Kompaktedition, Wiesbaden

Taschner, A. (2015): Management Reporting und Behavioral Accounting: Verhaltenswirkungen des Berichtswesens im Unternehmen, 2. Auflage, Wiesbaden

Wason, P.C. (1971): Problem solving and reasoning, in: British Medical Bulletin, Vol. 27, Nr. 3, p. 206-210

Weber, J. (2009): Erfolg der Controller: Wie Controller zum Unternehmenserfolg beitragen, in: Advanced Controlling, Band 68, Weinheim

Weber, J. (2013): Verhaltensorientiertes Controlling: Plädoyer für eine (nicht ganz) neue Sicht auf das Controlling, in: Controlling – Zeitschrift für erfolgsorientierte Unternehmenssteuerung, 25. Jg., Nr. 4/5, S. 217-222

Wright, W. F. (1980): Cognitive Information Processing Biases: Implications for Producers and Users of Financial Information; in: Decision Sciences, Vol. 11, Nr. 2, p. 284-298